Stichwort

Kelten

Annalena Staudte-Lauber

Originalausgabe

WILHELM HEYNE VERLAG
MÜNCHEN

HEYNE SACHBUCH
Nr. 19/4072

REDAKTION:
Katrin Wilke

FACHLEKTORAT:
Petra Haller

GRAFIKEN:
Design-Studio Fleischer

KONZEPTION UND REALISATION:
Christine Proske
(Ariadne Buchproduktion)

2. Auflage

Copyright © 1995
by Wilhelm Heyne Verlag GmbH & Co. KG, München
Printed in Germany 1997
Umschlaggestaltung: Kaselow-Design
Herstellung: H + G Lidl, München
Satz: Satz & Repro Grieb, München
Druck und Verarbeitung: Presse-Druck Augsburg

ISBN 3-453-08782-8

Inhalt

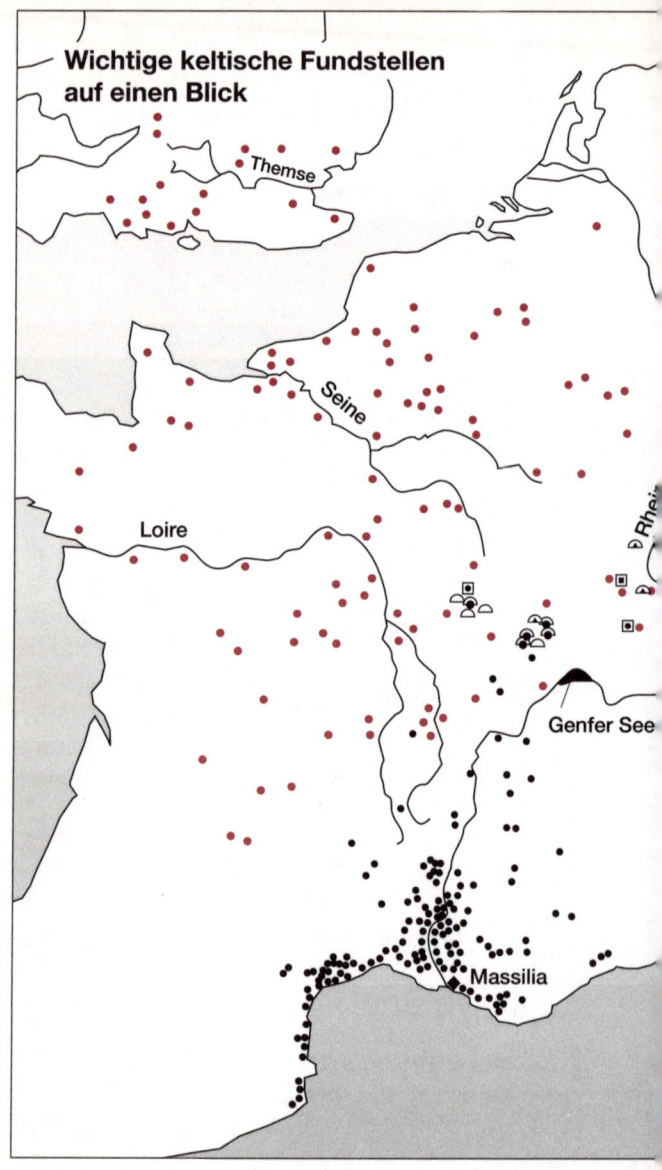

Wichtige keltische Fundstellen auf einen Blick

Themse

Seine

Loire

Rhein

Genfer See

Massilia

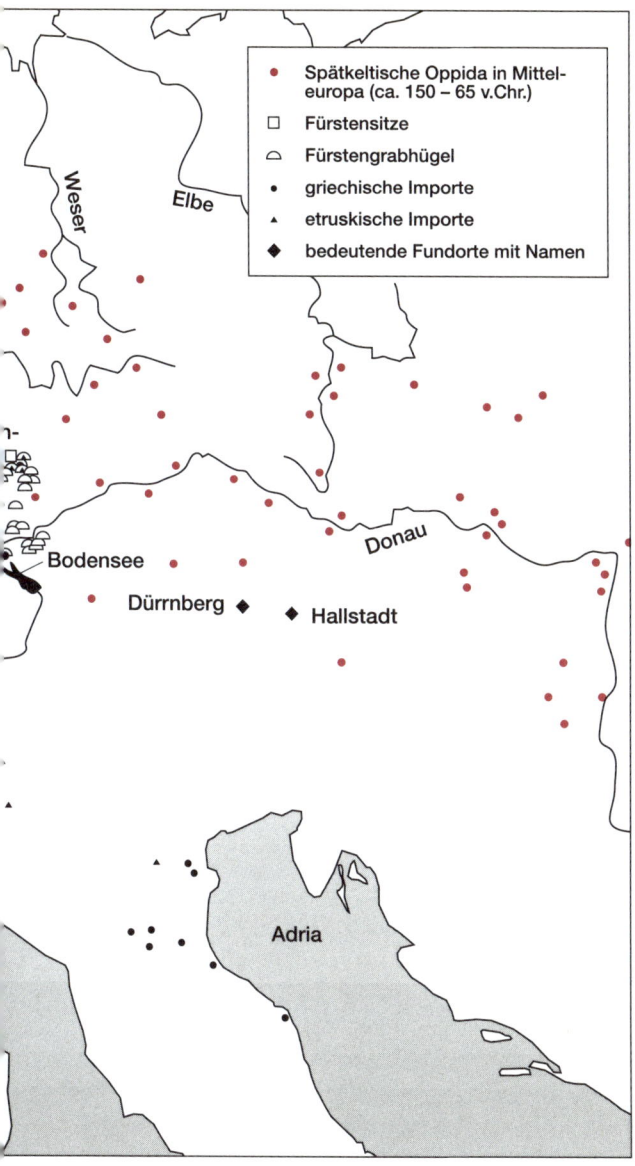

Spätkeltische Oppida in Mitteleuropa (ca. 150 – 65 v.Chr.)

Fürstensitze

Fürstengrabhügel

griechische Importe

etruskische Importe

bedeutende Fundorte mit Namen

Weser

Elbe

Bodensee

Donau

Dürrnberg ◆   ◆ Hallstadt

Adria

I. Die Kelten und ihre Geschichte

Die Kelten, das »Volk, das aus dem Dunkel kam«, wie ein griffiger Buchtitel lautet, haben keine schriftlichen Aufzeichnungen hinterlassen. Bei der Erforschung ihrer Geschichte sind Archäologen und Historiker auf Bodenfunde und antike Überlieferungen angewiesen, wobei in der Interpretation durchaus Vorsicht geboten ist, denn die antiken Geschichtsschreiber berichten nicht selten über Ereignisse, die 100 bis 200 Jahre vor ihrer Zeit lagen, und sie beurteilen die Kelten überdies gemäß ihren eigenen Wertvorstellungen.

1. Die Quellen

Die wichtigsten *schriftlichen Zeugnisse der Antike* über die keltische Kultur umfassen die Zeit von etwa dem Ende des 6. Jahrhunderts v. Chr. bis zu ihrem Zerfall am Ende des 1. Jahrhunderts v. Chr., an dem die Feldzüge

Antike Schriftzeugnisse

Um 500 v. Chr. erwähnte der griechische Geschichtsschreiber Hekataios von Milet bereits keltische Siedlungen in seiner »Erdbeschreibung«. Sie ist die älteste überlieferte Nachricht über das Volk der Kelten, die allerdings nur in Zitaten späterer Schriften überliefert ist. 50 Jahre danach verlegte der um 480 v. Chr. geborene Herodot den Ursprung der Donau ins Land der Kelten. Platon (428/27–349/48 v. Chr.) attestiert den Kelten eine kriegerische Gesinnung, die allerdings auch zur Trunkenheit neigen. Der griechische Geschichtsschreiber Polybios (um 200–120 v. Chr.) widmete den Kelten einen Exkurs, wobei die Beschreibung der keltischen Lebensweise allerdings nur kurz abgehandelt wird. Dennoch ist seine Schrift, neben derjenigen des Poseidonios von Apameia (135–51/50 v. Chr.), eine der wichtigsten Quellen für die Sitten der Kelten. Poseidonios ist leider auch nicht im Original überliefert, sondern nur aus Zitaten späterer Geschichtsschreiber bekannt.

Diodor aus Sizilien, der zu Beginn des 1. Jahrhunderts v. Chr. schrieb, war einer jener Historiker, die sich im wesentlichen auf Poseidonios stützten, und er überlieferte etliche Details über die »Barbaren«. Aber auch das Werk des Pompejus Trogus, das er in der zweiten Hälfte des 1. Jahrhunderts verfaßte, stellt ein bedeutendes Zeugnis dar. Er berichtet u. a. über die Gottheiten der Kelten.

Wichtigster Gewährsmann für die späte Periode der keltischen Kultur ist Gaius Julius Cäsar (100–44 v. Chr.). Wirtschaftliche und historische Informationen oder Anmerkungen, die das Zusammenleben der Kelten betreffen, finden sich über sein ganzes Werk »Der gallische Krieg« verstreut. Sie stehen jedoch nicht im Vordergrund seines Interesses, sondern dienen eher dazu, dem Bericht mehr Lebendigkeit zu verleihen.

Eine weitere wichtige Quelle stellt die »Römische Geschichte« des Titus Livius (79 v. Chr.–17 n.Chr.) dar, der über die Einnahme Roms durch die Kelten im Jahre 387 v. Chr. berichtet. Etwa zeitgleich verfaßte Strabon von Amaseia (64/63 v. Chr.–23. n. Chr.) seine »Geographie«, in der deutlich wird, daß sich die Kenntnis der Griechen vom Norden Europas erweitert hatte.

Auch in der »Naturgeschichte« von Plinius dem Älteren (23/24 v. Chr.–79 n. Chr.), einer Fundgrube vielfältiger Nachrichten, werden die Kelten erwähnt.

Gaius Julius Cäsars in Gallien entscheidenden Anteil hatten. Dessen Bericht an den Senat in Rom, die berühmte Schrift »Der gallische Krieg«, ist eine der wichtigsten schriftlichen Quellen für unser heutiges Bild von den Kelten. Es gilt allerdings zu beachten, daß Cäsar in erster Linie zur Rechtfertigung seiner Maßnahmen schrieb und die Information über die Kelten, die hier »Gallier« genannt werden, nur am Rande von Bedeutung war. Diese Periode bezeichnet man als die Zeit der »historischen« Kelten.

Für die Interpretation der religiösen Vorstellungen der Kelten werden vor allem die alten Sagen und Mythen herangezogen, welche im Mittelalter schriftlich fixiert worden sind.

Eine weitere, wichtige Informationsquelle bilden archäologische Funde, die in der Mehrzahl aus Siedlungen und Gräbern stammen. Aber auch Hortfunde, Depots von Waffen, Gefäßen, Schmuck oder Geld, die entweder vergraben oder in Gewässern versenkt wurden, gibt es viele.

Die Archäologie unterscheidet bei den Kelten zwei Kulturstufen, die nach den beiden Orten mit besonders guter Fundlage (sog. Leitfunde) benannt werden. Den Beginn keltischer Kultur setzt man in der – nach dem Fundort Hallstatt in Österreich benannten – »späten Hallstattzeit« um 600 v. Chr. an. Wurzeln keltischer Kultur finden sich zwar auch schon in der frühen Hallstattzeit (um 750–600 v. Chr.) und in der Urnenfelderzeit (um 1200–750 v. Chr.), doch sind diese Zeiträume noch nicht zur eigentlichen keltischen Periode zu rechnen. Die Kultur der Hallstattzeit wird regional unterschieden. Man teilt sie in zwei Kreise ein, den »westlichen« und den »östlichen Hallstattkreis«. Der westliche Kreis umfaßt die Gebiete Ostfrankreichs, der Schweiz, Süddeutschlands und des westlichen Österreichs, der östliche Kreis das übrige Österreich und den Balkanraum. Hallstatt selbst liegt im Grenzbereich beider Kulturkreise. Wichtige Fundorte der Hallstattzeit sind u.a. der Hohenasperg und der Hohmichele bei Stuttgart, der Magdalenenberg bei Villingen, die Heuneburg an der oberen Donau, die Siedlung Eberdingen-Hochdorf bei Stuttgart und der Mont Lassois bei Châtillon-sur-Seine mit seinem Grab der »Prinzessin von Vix«.

Die Periode von etwa 480 v. Chr. bis zur Zeitenwende wird nach dem Fundort La Tène am Neuenburger See in der Schweiz als »Latènezeit« bezeichnet. Üblicherweise unterscheidet man darin eine frühe, mittlere und späte Stufe mit regional unterschiedlicher zeitlicher Abgrenzung. Mit der Latènezeit bildeten sich neue wirtschaftliche und kulturelle Zentren an den Randzonen der Hallstattkreise aus. Es entwickelte sich ein eigenständiges Kunstschaffen, das vermutlich Ausdruck erheblicher religiöser und weltanschaulicher Veränderungen war. Vom Ende der Latènezeit bis zu den römischen Eroberungen unter Cäsar erstreckt sich die Periode der keltischen »Oppida«.

Die Interpretation der Funde und Quellen erweist sich jedoch oft als schwierig. Vieles muß im Bereich der Vermutung bleiben, da Fundstücke nicht durch entsprechende schriftliche Zeugnisse weiterführend erklärt werden.

2. Wer waren die Kelten?

Eine grundsätzliche Schwierigkeit ist mit dieser Frage verbunden. Das Volk, das wir heute als »die Kelten« kennen, ist in den antiken Quellen keineswegs einheitlich unter diesem Begriff geführt worden. Die Bezeichnungen reichen von »Keltoi« bis »Celtae«, von »Galater« bis »Gallier«. Wie sie sich selbst bezeichneten, wurde nicht überliefert. Als sicher gilt, daß diese Namen kein »Volk« im Sinne einer homogenen Gemeinschaft oder gar ein Staatsvolk bezeichnen, sondern daß es sich bei den Kelten wie auch bei den Germanen um zahlreiche Stämme und Stammesgruppen handelt. Was uns dazu berechtigt, die Kelten unter einem Sammelbegriff zusammenzufassen, ist vor allem die Sprache, die sich in vielen Wortbelegen aus dem Altertum und in zahlreichen Personen-, Orts- und Gewässernamen erkennen läßt und die es erlaubt, die Kelten von anderen antiken Völkern abzugrenzen. Noch heute erinnern viele Städte- und Landschaftsnamen an die keltische Vergangenheit. So finden wir den Stamm der Räter heute noch in der Sprachbezeichnung »rätoromanisch«; die Helvetier werden heute mit dem Staatsgebiet der Schweiz gleichgesetzt, siedelten in keltischer Zeit aber wohl auch im Schwarzwald. An die Briganti erinnert die Stadt Bregenz am Bodensee und im Namen der Stadt Kempten finden wir den keltischen Ortsnamen Cambodunum. Vor allem in Frankreich haben sich in zahlreichen Ortsnamen Hinweise auf keltische Stämme erhalten. So weist Paris auf die Parisier hin, Chartres auf die Karnuten oder Bourges auf die Bituriger.

Was die religiösen Vorstellungen der Kelten betrifft, so deutet die Überlieferung darauf hin, daß es in Kult und Ritus regionale Unterschiede gab.

Bei der Suche nach einer »Ursprache« beschäftigte man sich im 19. und beginnenden 20. Jahrhundert mit der Frage nach der »Herkunft« und dem »Urvolk« der Kelten, das in der Form jedoch nicht existiert hat. Diese Frage ist für die heutige Forschung allerdings unerheblich geworden. Nun stehen die Charakteristika keltischen Lebens im Mittelpunkt des Interesses.

3. Das keltische Europa

In der zweiten Hälfte des 8. Jahrhunderts v. Chr. begann sich eine massive Klimaveränderung auf die Lebensbedingungen der Menschen auszuwirken. Feuchte und kalte Witterung überlagerte langsam die trockenen und warmen Verhältnisse.

Diese Veränderung hatte Folgen für die Landwirtschaft, in der nun immer weniger Ackerbau und immer mehr Viehwirtschaft betrieben wurde. Den Berichten Polybios zufolge hat der Besitz der Kelten im wesentlichen aus Vieh und Gold bestanden, denn nur dies war geeignet, überallhin mitgenommen zu werden. Vieh und Gold konnte man leicht tauschen.

Im Laufe des 7. und 6. Jahrhunderts v. Chr. drangen die Einflüsse der ukrainischen Kimmerier bis ins Gebiet des heutigen Südwestdeutschland. Sie vermittelten den dort siedelnden Stämmen vor allem die Wertschätzung des Pferdes.

Als weiterer wichtiger historischer Faktor ist die Gewinnung und Verhüttung von Eisen anzusprechen, eine Kenntnis, die sich um 700 v. Chr. von Griechenland und Italien aus nach Mitteleuropa ausbreitete. Die Eisenwirtschaft erschütterte das wirtschaftliche und politische Gefüge der »Bronzezeit«, in der ein weites Netz von Handelsverbindungen bis hinauf nach England, zu den sog. »Zinninseln«, für Nachschub der wichtigen Bestandteile zur Erzeugung von Bronze gesorgt hatte. Die Kontrolle der Handelswege bedeutete Macht und Reichtum zugleich.

Da Eisen aber an vielen verschiedenen Stellen aus dem Boden gewonnen werden konnte, verloren die alten Bronzewege schnell an Bedeutung. Bronze fand von nun an hauptsächlich in der bildenden Kunst Verwendung, Eisen hingegen wurde zur Herstellung von Waffen und Geräten genutzt und führte damit zu einem wirtschaftlichen Aufschwung in den entsprechenden Regionen sowie zu effizienter landwirtschaftlicher Produktion.

Die politische und soziale Struktur der Stämme des 7. bis 5. Jahrhunderts v. Chr. (Hallstattkultur) ist nur in Andeutungen erkennbar. In dieser Zeit setzte offenbar auch eine Machtkonzentration auf wenige Familien ein. Diese Annahme stützt sich allein auf den Befund der Begräbnissitte, die geschmückten und hervorgehobenen Gräber nun außerhalb des Sippenfriedhofs anzulegen, und zwar in der Nähe befestigter Höhensiedlungen. Es finden sich auch immer häufiger Luxusgüter sowie griechische und etruskische Importwaren in diesen Gräbern. Hier waren vor allem Stammeskrieger begraben, die nun anscheinend die politische Macht auf sich konzentrierten: eine Macht, die sie vermutlich durch wirtschaftlichen Reichtum erworben hatten. Sie besaßen nämlich die Möglichkeit, sich durch die Erbeutung und den Verkauf von Menschen und Vieh Luxusartikel zu verschaffen. Diese Periode wird somit als Zeit der »Fürstenhöfe« bezeichnet.

Politische Veränderungen im Mittelmeerraum in der zweiten Hälfte des 6. Jahrhunderts v. Chr. hatten auch Auswirkungen auf die Kelten. Karthager und Etrusker setzten der griechischen Expansion im Mittelmeerraum ein Ende und zwangen die Griechen, auf die Flüsse des Kontinents auszuweichen, wollten sie noch weiter Zugriff auf die Erz- und Zinnvorkommen des Nordens haben. Dies führte zu einer Intensivierung des wirtschaftlichen Austausches der Kelten mit den Griechen. Gleichzeitig gewannen auch die Wege über die Alpen immer mehr an Bedeutung.

In der Zeit um 600 v. Chr. lassen sich viele Einflüsse aus dem Süden, vor allem aus Oberitalien, aber auch aus dem griechisch besiedelten Rhônetal mit seiner Metropole Massilia (heute Marseille), erkennen. Der Lebensstil der Griechen in Massilia übte eine große Faszination vor allem auf die keltischen Fürsten aus, und sie begannen, ihn nachzuahmen. Sichtbares Zeichen griechischen Einflusses ist die um 600 v. Chr. errichtete repräsentative Burgmauer aus luftgetrockneten Lehmziegeln, die auf der Heuneburg bei Sigmaringen gefunden wurde. Sie hatte in der regenreichen Gegend sogar etwa 50 Jahre Bestand, weil sie sehr sorgfältig verputzt war.

Eine Veränderung der politischen und gesellschaftlichen Verhältnisse erfolgte um 450 v. Chr. Man nimmt an, daß nun die befestigten Fürstensitze aufgelassen wurden und damit das Ende einer glanzvollen Epoche gekommen war. Genau läßt sich dieser Vorgang allerdings nicht bestimmen, dazu ist die Überlieferungs- und Fundlage zu vage.

Ein deutlicher Aufschwung in Gebieten, die bisher eher am Rand des keltischen Siedlungsgebietes lagen, wie z. B. das Mittelrheingebiet oder die Oberpfalz, läßt sich nun feststellen. In dieser Zeit stößt man auf ein völlig anderes Kunstschaffen, das unter dem Einfluß der Formensprache des Mittelmeerraumes steht. Diese Kunst ist ein wesentliches Charakteristikum der Latènekultur und unzweifelhaft Ausdruck für eine neue Vorstellung von Gott und Welt.

Ab dem 4. Jahrhundert v. Chr. werden die Kelten durch Berichte der antiken Geschichtsschreiber faßbarer. Mehrere Quellen berichten, daß in dieser Zeit umfangreiche Wanderungen der keltischen Stämme einsetzten. Livius nennt namentlich die Bituriger und Arverner, die Senonen, Häduer und Ambarrer, die Karnuten und Aulerker. Als Begründung gibt er Überbevölkerung an, aber auch innere Streitigkeiten. Die Kelten wanderten über die Alpen nach Italien, wo sie sich in unbesiedelten Gegenden niederließen, wie der relativ gut erforschte archäologische Befund zeigt. Es scheint aber auch Kämpfe mit der einheimischen Bevölkerung gegeben zu haben. Aus späteren Quellen weiß man, daß die Kelten Melpum, das heutige Mailand, eroberten und in Mediolanum umbenannten. Sie siedelten entlang dem Apennin und an der Adriaküste bis Ancona, einem Gebiet, das später von den Römern »ager gallicus« – gallischer bzw. keltischer Boden – genannt wurde. Die Poebene be-

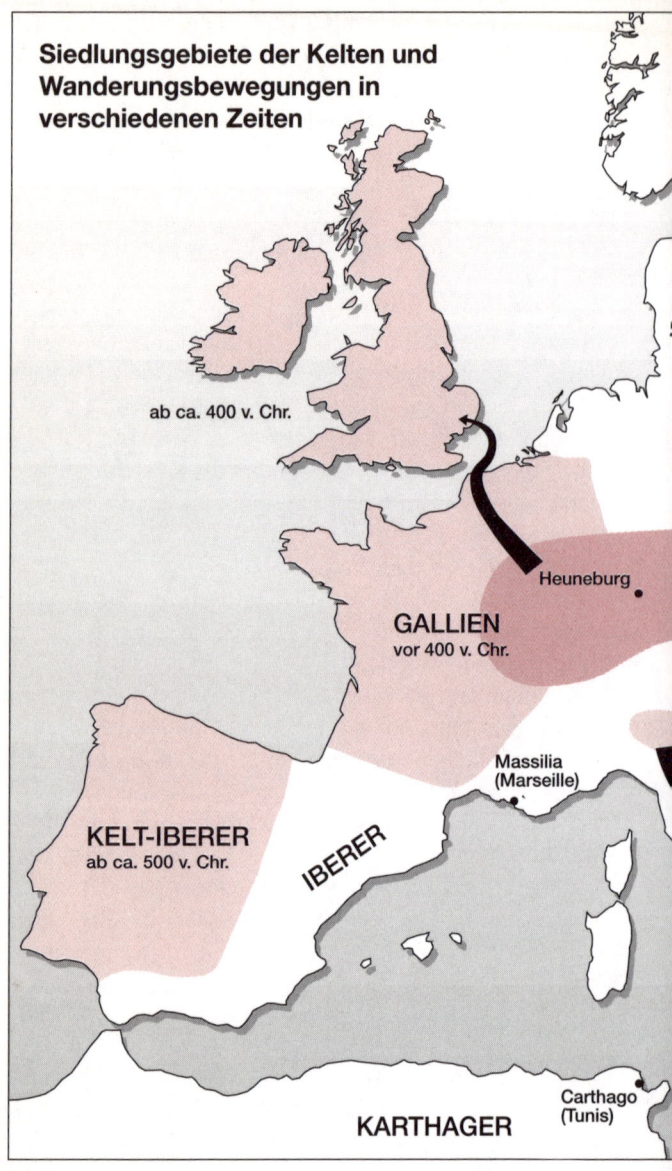

Siedlungsgebiete der Kelten und Wanderungsbewegungen in verschiedenen Zeiten

ab ca. 400 v. Chr.

Heuneburg

GALLIEN
vor 400 v. Chr.

Massilia
(Marseille)

KELT-IBERER
ab ca. 500 v. Chr.

IBERER

Carthago
(Tunis)

KARTHAGER

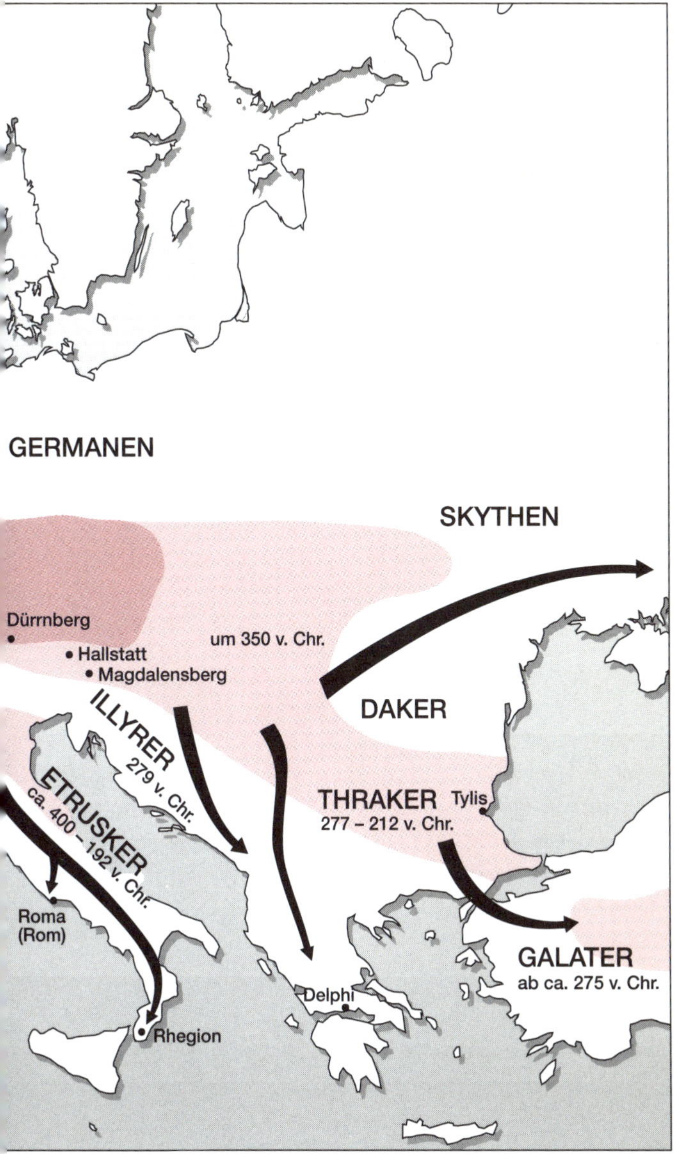

GERMANEN

SKYTHEN

Dürrnberg

Hallstatt
Magdalensberg

um 350 v. Chr.

DAKER

ILLYRER
279 v. Chr.

ETRUSKER
ca. 400 – 192 v. Chr.

THRAKER
277 – 212 v. Chr.

Tylis

Roma
(Rom)

GALATER
ab ca. 275 v. Chr.

Delphi

Rhegion

zeichneten sie hingegen als »Gallia cisalpina« – diesseitiges Keltenland.

Aber auch in Spanien und auf den britischen Inseln ließen sich keltische Gruppen nieder, wobei Spanien vermutlich sogar schon ab etwa 500 v. Chr. Ziel keltischer Wanderungen war, die britischen Inseln dagegen rund 100 Jahre später. Genaue Zeiträume entziehen sich jedoch unserer Kenntnis; man weiß lediglich, daß dieser mehrere Jahrhunderte dauernde Prozeß etwa im 1. Jahrhundert v. Chr. abgeschlossen war. In Spanien breiteten sich die Kelten von Galizien (»Siedlungsraum der Gallier«) bis in die Extremadura und nach Portugal aus. Einige sehr beeindruckende Gold- und Silberfunde zeigen die Kunstfertigkeit der Kelten auf der iberischen Halbinsel. Eine Reihe von großflächigen Ausgrabungen wie Maiden Castle oder Hengisbury Head legen Zeugnis vom Leben der Kelten auf den britischen Inseln ab.

Auch der Balkan wurde von den Kelten besiedelt, wobei sie vermutlich in der ersten Hälfte des 4. Jahrhunderts v. Chr. in die ungarische Tiefebene vordrangen. Eine schriftliche Quelle berichtet von einem Zusammentreffen Alexanders des Großen mit keltischen Gesandten auf dem Balkan 335 v. Chr. Auf die Frage, was sie am meisten fürchteten, antworteten die Kelten mit dem berühmten Satz, sie hätten nur Angst, daß ihnen der Himmel auf den Kopf fallen könnte. Furcht vor dem großen griechischen Feldherrn ist indes nicht überliefert.

Das 4. Jahrhundert v. Chr. brachte eine Periode der Stabilisierung keltischen Lebens. Anhand der Grabfunde lassen sich nur geringe soziale Unterschiede erkennen. Es scheint sich um eine durch das Kriegertum bestimmte Gesellschaft mit einem personengebundenen Gefolgschaftswesen gehandelt zu haben, denn in den Gräbern fanden sich vor allem Lanzen, Schwerter und Schilde. Diese Gesellschaftsform ist für Wanderzeiten typisch, jedoch reicht der archäologische Befund noch nicht aus, um mittels der Gräber zeigen zu können, daß die Bestattungsplätze immer nur von wenigen Generationen belegt wurden. Dies wäre ein starkes Indiz für eine große Wanderbewegung. Beobachten läßt sich allerdings, daß wohl vor allem die Gegenden der »konservativen« Späthallstattkultur wie Ostfrankreich, Südwestdeutschland, Südbayern oder die Oberpfalz vom Umbruch betroffen waren. Die Wanderbewegung der Kelten beschränkte sich nicht auf südliche oder östliche Gebiete. Sie breiteten sich auch nach Westen und Norden aus, je nachdem wie groß der Widerstand der einheimischen Bevölkerung in den angesteuerten Gebieten war. So finden wir gleichlautende Volksnamen an verschiedenen Endpunkten der keltischen Welt.

Durch die Expansion Roms in Italien im Laufe des 3. Jahrhunderts v. Chr. gerieten die in der Poebene siedelnden Kelten immer mehr in die Defensive. Um 283/82 v. Chr. eroberten die Römer den »ager gallicus« und gründeten dort eine Kolonie. 60 Jahre später waren sie auch in der Poebene siegreich und gliederten Mediolanum ihrer Herrschaft an. Die Kelten zogen sich in den Donauraum zurück und kamen im Zuge des Zerfalls des riesigen Alexanderreichs auf ihren Plünderungszügen bis vor die Tore Delphis. Einige Stämme durchquerten den Hellespont und zogen sogar bis nach Kleinasien, wo sie sich etwa in der Gegend des heutigen Ankara niederließen. Diese Volksgruppe taucht in den Briefen des Apostel Paulus als die sog. Galater auf. Im Jahre 189 v. Chr. wurden auch sie von den Römern besiegt. Zehn Jahre später fielen die Kelten noch einmal in Italien ein, wurden jedoch von den Römern niedergeschlagen. Ein Feldzug gegen den an Donau und Save siedelnden Stamm der Skordisker im Jahre 141 v. Chr. verlief aus römischer Sicht dagegen erfolglos.

Zu Beginn des 2. Jahrhunderts v. Chr. dehnte sich der Machtbereich der Römer bis nach Südfrankreich aus.

Die Errichtung der römischen Provinz Gallia Narbonensis (125–118 v. Chr.), die sich vom Mittelmeer bis zum Genfer See und von den östlichen Pyrenäen bis zu den Westalpen erstreckte, fiel in die gleiche Zeit, in der die befestigten keltischen Höhensiedlungen aufgelassen wurden. Die keltischen Stämme der Arverner und Allobroger kämpften erbittert, aber erfolglos gegen die Expansion der Römer.

In der Folgezeit legten die Kelten außerhalb der römischen Machtsphäre großflächige, stadtähnliche Siedlungen an, die Cäsar als Oppida bezeichnet und die zum Teil die Ausdehnung mittelalterlicher Städte bei weitem übertrafen. Im 1. Jahrhundert v. Chr. existierten bereits Oppida in der gesamten keltischen Welt. Gleichzeitig scheint auch ein tiefgreifender Wandel in der politischen und gesellschaftlichen Struktur eingetreten zu sein – zumindest legt die veränderte Siedlungsform diesen Schluß nahe.

Seit dem späten 2. Jahrhundert v. Chr. machten sich jedoch die inneren Streitigkeiten der Stämme und ein nach Vorherrschaft strebendes Rom für die Kelten bedrohlich bemerkbar. Im Jahre 133 v. Chr. eroberte Rom die spanische Numantia und brach den Widerstand der dort siedelnden Keltiberer. 15 Jahre später errichtete man in Südfrankreich die Kolonie Narbo Martius – das heutige Narbonne, womit die keltische Welt erstmals gespalten wurde. Gleichzeitig verstärkte sich der Druck der Germanen; Kimbern und Teutonen waren gefürchtete Stämme. Mitte des 1. Jahrhunderts, 58 bis 51 v. Chr., führte ein Bruderkampf im freien Gallien schließlich dazu, daß die Kelten als eigener Volksstamm aufhörten zu existieren. Drei einflußreiche Fürsten hatten sich nämlich zum Ziel gesetzt, »ganz Gallien«, wie es heißt, zu unterwerfen. Einer der Fürsten, Divico, suchte zunächst sowohl die Hilfe Roms als auch die Unterstützung durch germanische Truppen. Daraufhin griff Cäsar, der eine nicht allzuweit von Rom entfernte Provinz, die ihm politisches Ansehen und reiche Beute versprach, gut gebrauchen konnte, mit seinen Söldnern in die innergallischen Auseinandersetzungen ein. Während der Bruder des genannten Fürsten ganz auf die Hilfe der Germanen setzte, vertraute sich Divico den Truppen Cäsars an, die die Schlacht gegen die Germanen gewannen. Nach diesem Sieg begann der römische Feldherr nun selbst, Stück für Stück ganz Gallien zu erobern, wobei er durch die Konflikte der Kelten in den eigenen Reihen unterstützt wurde. Zwar flackerte noch vereinzelt Widerstand gegen die römische Eroberung auf, doch konnte das Vordringen Cäsars nicht mehr verhindert werden. 52 v. Chr. kam es zu einem Aufstand der keltischen Stämme in Gallien unter dem berühmten Arvernerfürsten Vercingetorix, doch auch hier siegten schließlich römische Kriegstechnik und Kampfdisziplin. Mit dem Alpenfeldzug des Jahres 15 v. Chr. wurden ebenfalls die am Alpennordrand siedelnden Stämme der Räter und Vindeliker unterworfen, die sich bis dahin dem Eroberungsdruck Roms hatten widersetzen können.

Eine wichtige Rolle beim Untergang der keltischen Welt spielte aber auch die germanische Völkerwanderung. Nur das keltische Königreich von Noricum hatte aufgrund der geschickten Verhandlungsführung seines Königs mit den Germanen noch Bestand und konnte sich bis in die Mitte des 1. Jahrhunderts n. Chr. halten.

Ein weiteres Phänomen ist zu bedenken: Der Prozeß der Auflösung der keltischen Eigenart gründete letztlich weniger in der direkten Unterdrückung, als vielmehr in der Anziehung, die die römische Zivilisation ausübte.

4. Nachleben unter den Römern

Inwieweit keltische Einflüsse noch in römischer Zeit weiterlebten, läßt sich nur ansatzweise beschreiben. Als Quellen stehen hier, neben römischen Berichten über Feldzüge ins Gebiet der Kelten, Grabinschriften zur Verfügung, die ausschließlich keltische Namen oder bildliche Darstellungen von Personen, die keine römische Tracht tragen, aufweisen. Allerdings muß man berücksichtigen, daß sowohl Namen als auch die Kleidung modischen und Prestigegesichtspunkten unterworfen sind. Doch kann man daraus schließen, daß mit dem Rückgang der keltischen Namen auch ein Verschwinden der keltischen Sprache auf dem Kontinent verbunden war. Keltische Orts- und Flußnamen hatten jedoch auch unter den Römern noch Gültigkeit und zeigen, zusammen mit den Nachrichten über Besteuerung und Rekrutierung, daß die keltische Bevölkerung unter römischer Herrschaft im Alpenvorland weitergelebt hat.

Erstaunlicherweise läßt sich aber dieses Weiterleben zwischen Schwarzwald und Inn trotz der eindeutig keltischen Namen, die viele Orte tragen, archäologisch nicht nachweisen. Fortdauernde Gräberbelegung und Siedlungsspuren finden sich lediglich im Osten, im Gebiet um Salzburg und in Kärnten auf dem Magdalensberg, den die Römer sogar zu einem festen Stützpunkt ausbauten. Gleiches gilt für die Region am Oberrhein und in der Nordschweiz. Lediglich auf den britischen Inseln ergibt sich ein anderer Befund. Diese weisen in der Funddichte keine Lücken auf.

Auf dem Gebiet der Religion allerdings läßt sich ein Fortleben keltischer Kulturelemente wegen des reichen Materials gut dokumentieren. Die römische Toleranz gegenüber fremden Gottheiten kommt hier zum Tragen. Vor allem in Gallien lassen sich etliche keltische Lokalgötter ausmachen, die in römischer Zeit weiter verehrt wurden.

5. Christliche Kelten: ein Problem

In der Zeit der Völkerwanderung und des frühen Mittelalters aber war die keltisch sprechende Bevölkerung auf Irland, den Norden Britanniens und den Bereich der heutigen Bretagne beschränkt. Besonders das irische Keltentum wird für diese Zeit gerne als Beispiel für die gelungene Christianisierung der Kelten angeführt. Da sich gerade in Irland die keltische Gesellschaft noch vergleichsweise lange ohne deutliche Überschichtung durch die Römer gehalten hatte, nimmt man allgemein an, daß es sich bei der Bevölkerung Irlands um christliche Kelten gehandelt habe.

Etwa ab dem 4. Jahrhundert n. Chr. kann man davon ausgehen, daß es eine größere christliche Gemeinde in Irland gab. Fast das ganze Mittelalter hindurch lebte die Tradition der Heldenerzählungen weiter, die ihren Ursprung in vorchristlicher Zeit hatte. Mit diesen exemplarischen Dichtungen wurden gesellschaftliche Werte vermittelt, die nicht im Christentum wurzelten. Die irische Gesellschaft verfügte über eine hoch angesehene geistige Elite, die der christlichen Kultur des Mittelmeerraumes durchaus Ebenbürtiges entgegenzusetzen hatte. Inwieweit jedoch die relativ gut überlieferte altirische Gesellschaft mit »dem Keltentum« gleichzusetzen ist, kann man nur schwer ermessen, denn nicht alles, was zur irischen Gesellschaft gehört, ist auch spezifisch keltisch.

Das Christentum veränderte die Gesellschaft: Mit den philosophischen Schriften der klassischen Antike und dem lebhaften geistigen Austausch mit Rom ging das keltische Moment im Laufe der Jahrhunderte immer mehr verloren. Die Bezeichnung »keltisches Christentum« trifft demnach die Sache nicht.

Aus dem frühmittelalterlichen Irland und Großbritannien ist auch ein eher christlich inspiriertes Kunstschaffen überliefert, das im Volksmund als »keltisch« bezeichnet wird. Gemeint sind hier u. a. die steinernen Hochkreuze und die im »Book of Kells« Anfang des 9. Jahrhunderts gipfelnde Buchmalerei. Zweifelsohne finden sich hier Spuren keltischen Kunstausdrucks, wie wir sie aus der Latène-Zeit kennen. Dieser irische Kunststil bildete eine Synthese aus keltischen, germanischen und christlichen Motiven sowie Einflüssen aus dem Mittelmeerraum.

Eine Sonderstellung nehmen die Galater, jene keltische Volksgruppe in Kleinasien, ein, an die Paulus seine Briefe sandte. Danach muß dort das Christentum sehr früh Einzug gehalten haben. Ob die Galater jedoch christliche Kelten waren, ist nach dem heutigen Kenntnisstand über diesen Stamm nicht zu sagen.

6. Moderne keltische Sprachen

Noch heute werden in der Bretagne, in den westlichen Teilen Irlands, in Wales und im Nordwesten Schottlands keltische Sprachen, die ein Zweig der indogermanischen Sprachfamilie bilden, gesprochen. Da diese Sprachen jedoch von Regierungen und Bevölkerungsmehrheiten eher als Lokaldialekte betrachtet werden und nicht als Ausdruck einer eigenen Nationalität, gibt es Bestrebungen der entsprechenden Volksgruppen, ihre Identität zu fördern und zu bewahren sowie auch eine gewisse Form des Separatismus zu betreiben.

Bis in unser Jahrhundert bewahrten die keltischen Minderheiten ihre eigene Musik, ihre Erzählungen und Tänze. Gerade die Tradition des Geschichtenerzählens stellt einen wichtigen Faktor beim Erhalt der eigenen Identität dar. Mit dem Einzug von Radio und Fernsehen und der allgemeinen Mobilität verloren diese Bräuche jedoch ihren Wert: Die jungen Leute paßten sich immer mehr an die Amtssprachen ihrer Heimatländer an, so daß

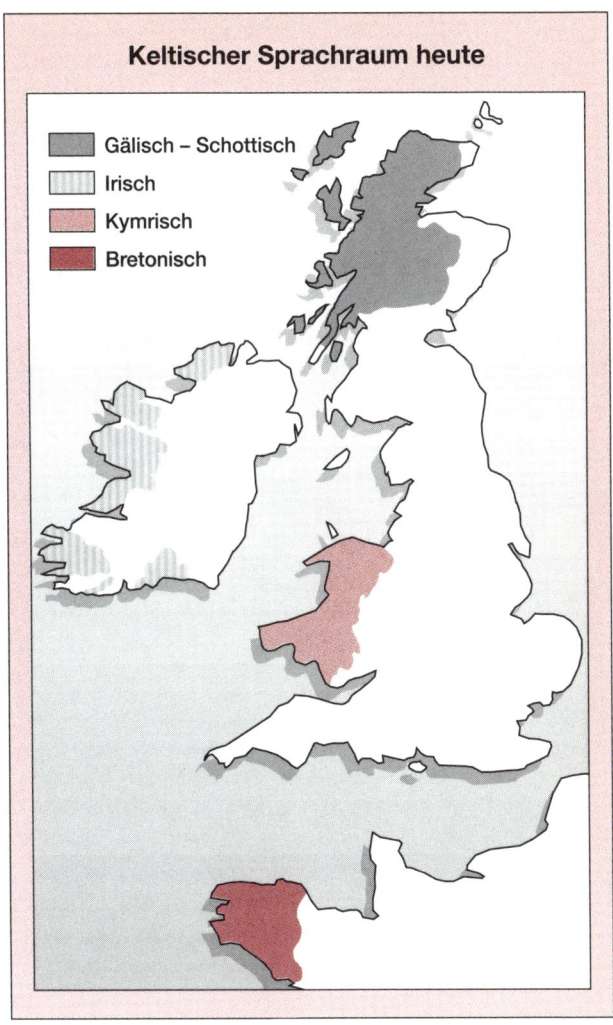

Keltischer Sprachraum heute

- Gälisch – Schottisch
- Irisch
- Kymrisch
- Bretonisch

die Kenntnis des Keltischen immer weiter zurückgeht.
Erst in jüngster Zeit gibt es wieder vermehrt Bestrebungen, die keltische Tradition zu pflegen und ihren Stellenwert steigern.

II. Keltisches Leben

Aus den überlieferten Zeugnissen läßt sich dennoch ein lebendiges Bild keltischen Lebens und Zusammenlebens gewinnen, wenn auch nicht für alle Perioden keltischer Zivilisation.

1. Gesellschaft

Das Besondere an der keltischen Gesellschaft war ihre Einheit verbunden mit einer unglaublichen Vielfalt. Obwohl sich die einzelnen Stämme voneinander unterschieden, wiesen sie doch gemeinsame charakteristische

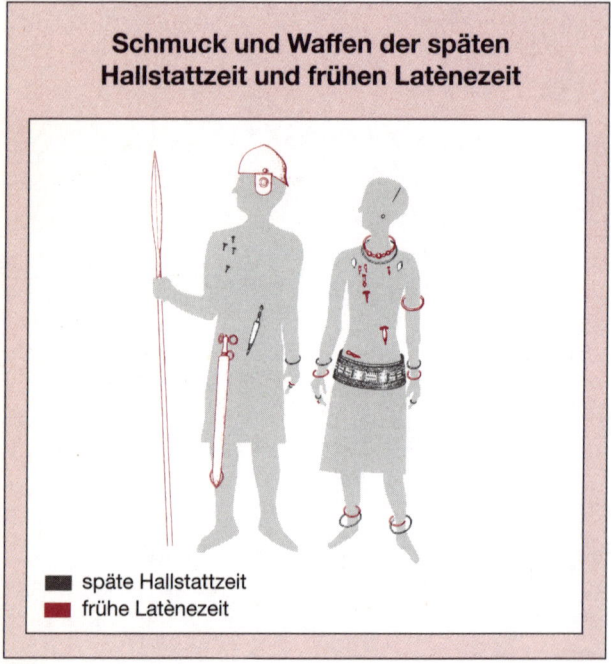

Schmuck und Waffen der späten Hallstattzeit und frühen Latènezeit

späte Hallstattzeit
frühe Latènezeit

Aussehen

Zum Aussehen der Kelten gibt es verschiedene antike Zeugnisse und Abbildungen, die im wesentlichen auf die Männer eingehen. Sie vermitteln uns das Bild von »Punkern mit Knebelbärten«. Diodor schreibt, daß sie ihr blondes Haupthaar mit Kalkwasser behandelten und es senkrecht aus der Stirn strichen. Durch diese Behandlung würde es immer dicker und sei nicht mehr von einer Pferdemähne zu unterscheiden. Ihre Barttracht sei hingegen nicht einheitlich. Es gebe sowohl glattrasierte Männer, als auch solche, die sich mäßige Vollbärte stehen ließen. Am auffälligsten sei jedoch die Mode, sich einen übermäßigen Knebelbart wachsen zu lassen, der beim Essen und Trinken, wie Diodor ausführt, förmlich als Sieb fungiere. Ihre Haut sei weiß und ihre Erscheinung furchterregend. Sie hätten tiefe und rauhe Stimmen.

Die keltischen Frauen werden als Walküren beschrieben, die den Männern nicht nur an Größe, sondern auch an Stärke gleichkämen.

Züge auf: die Sprache, aber auch Vorstellungen, wie ein harmonisches Zusammenleben organisiert werden sollte. Auch was das *Aussehen* betrifft, lassen sich deutliche keltische Übereinstimmungen feststellen.

Die antiken Geschichtsschreiber beschäftigten sich nur am Rande mit der Rolle und dem Aussehen der keltischen *Frauen*. Oftmals sind ihre Beschreibungen von Idealbildern geprägt, die die Leser erziehen sollten. Auch ergeben die Berichte kein schlüssiges Gesamtbild. So sind wir zusätzlich auf eine Interpretation der Grabfunde angewiesen, die allerdings nur lückenhaft sein kann.

Frauen

Außergewöhnliche Frauen wurden in auffallend reich ausgestatteten Gräbern beigesetzt, in denen kostbarer Schmuck neben Wagen und Pferdegeschirr zu finden ist. Im berühmten Grab der »Prinzessin von Vix« wurde das größte Weinmischgefäß (1,64 Meter hoch und 208,6 Kilogramm schwer) gefunden, das bisher aus der Antike überliefert ist. Dieser korinthische Bronzekrater als Grabbeigabe drückt die Stellung der Toten als Gastgeberin einer großen Zahl von Gästen aus, die sie mit alkoholischem Getränk versorgen konnte.

Das Grab wies – wie auch vergleichbare Frauengräber an der Mosel – Goldschmuck in großen Mengen auf. Gold war bei den Kelten ein Machtsymbol. So kann man von diesen Funden auf die herausgehobene Stellung dieser Frauen in der Gesellschaft schließen. Aber auch Schmuckkästen und Spiegel gehörten zur Grabausstattung.

Interessanterweise unterscheiden sich die Beigaben in Männer- und Frauengräbern der oberen Gesellschaftsschicht kaum. Man kann davon ausgehen, daß es in dieser Schicht keine Bereiche gab, die ausschließlich für die Frauen reserviert waren. Ausgenommen davon scheint lediglich das Tragen von Waffen gewesen zu sein, das ein Privileg der Männer darstellte.

Die verbreitetste Grabbeigabe für Frauen jeden Standes waren Webgewichte und Spinnwirtel. Insgesamt läßt sich aus der Art der Funde in Frauengräbern folgern, daß die Frauen überwiegend die Arbeiten im häuslichen Bereich, die Erziehung der Kinder, die Überwachung des Hausbesitzes und die Versorgung mit Nahrung und Kleidung erledigten.

Tracht

Zahlreiche Fundstücke, die mit der Körperpflege in Verbindung gebracht werden können – wie Rasiermesser, Scheren oder Pinzetten – zeigen, daß die Kelten sehr körperbewußt lebten. Über die Mode weiß Diodor zu berichten: »(...) sie tragen (...) farbige Jacken, die wieder sehr bunt geblümt sind, und Hosen, die sie »braken« nennen. Darüber werfen sie gestreifte Mäntel, die mit einer Spange befestigt sind; die Mäntel zeigen ein vielfarbiges, buntes Würfelmuster und bestehen im Winter aus dickeren, im Sommer aus dünneren Stoffen«. Ein Fund in Hallstatt bestätigt die Nachricht Diodors vom Schottenkaro der Kelten. Aus dem 4. Jahrhundert v. Chr. ist eine Schwertscheide überliefert, die die »Mode« der Kelten anschaulich zeigt. Das Obergewand scheint eng anliegend gewesen zu sein und einem Frack zu ähneln. Die Art der Kleidung unterlag im Laufe der Jahrhunderte natürlich Veränderungen. Auch erkennt man auf dieser Schwertscheide die Schuhe der dargestellten Krieger. Es handelt sich um Schnabelschuhe, wie sie sich aus den Goldblechbeschlägen des Hochdorfer Fürstengrabes rekonstruieren lassen. Dort fand man auch einen aus Birkenrinde kunstvoll gestalteten konischen Hut.

Es scheint Vorschriften für die Art und Weise gegeben zu haben, wie man Arm- und Beinringe trug. Diese waren aus Bronze, aber auch Gagat- oder Sapropelitringe wurden getragen. Die Fingerringe bestanden aus Gold oder Silber. Im 3. Jahrhundert v. Chr. kamen dann erstmals Armreifen aus Glas auf, die zu mehreren an einem Arm getragen wurden. Der männliche Kelte schmückte sich mit höchstens einem Armring, meist am linken Handgelenk.

Die antiken Darstellungen beschreiben einen Halsring, den »Torquis«, als das Kennzeichen der Kelten schlechthin. Vor allem die Torques aus Gold beeindruckten die antiken Schriftsteller. Alle Halsringe, die man bisher gefunden hat, stammen aus dem 5. bis 1. Jahrhundert v. Chr. Vor dem 3. Jahrhundert gehörten sie auch immer zu den Frauenbestattungen. Danach scheint sich jedoch die Bedeutung des Rings geändert zu haben: Er war nun Abzeichen der Krieger, die wohl eine entscheidende Anführerposition einnahmen.

Für das Noricum, das etwa die heutigen Gebiete Kärntens, der Steiermark und Salzburgs abdeckt, ist man über die Kleidung der Kelten im 1. Jahrhundert n. Chr. durch zahlreiche Steinreliefs gut unterrichtet. Die Bekleidung der Frauen bestand aus einem langärmeligen Untergewand und einem darüberfallenden ärmellosen Kleid, das mit zwei Fibeln an den Schultern und einem Gürtel festgehalten wurde. Auch finden sich Darstellungen von verschiedenenen Kopfbedeckungen bei den keltischen Damen, die von der Haube bis zum ausladenden Hut reichen. Auf Grabsteinen der römischen Zeit läßt sich ferner auch die Haartracht der Frauen erkennen. Die Frauen trugen ihre Haare glatt und hochgesteckt, die Mädchen bevorzugten kurze gewellte Haare. Bestandteil der weiblichen Haartracht bildeten auch kleine goldene Ringe, die wohl entweder direkt ins Haar eingeflochten oder Teil eines Haarnetzes waren.

Kunstvolle Gürtelschließen trugen offensichtlich beide Geschlechter. Die Ledergürtel waren mit schön geformten Blechen verziert. Ebenso fanden sich Gürtel aus Bronzekettengliedern.

Fürstengräber

Die berühmten frühkeltischen Fürstengräber stammen aus dem 6. und 5. Jahrhundert v. Chr. Es sind unter Großgrabhügeln angelegte Prunkgräber mit ungewöhnlich reichen Ausstattungen. Sie hoben sich vor allem durch ihren Aufbau (besonders hohe Hügel, mächtige Grabkammern, sorgfältige Einbauten), ihrem Beigabenreichtum und ihre Lage von den übrigen Bestattungen der Zeitgenossen ab. Viele der zentralen Grabkammern jedoch wurden schon im Altertum ausgeraubt, so daß sich die Fülle der Beigaben nur aus den noch vorhandenen Nebenkammern, die von den Grabräubern glücklicherweise verschont blieben, ermessen läßt. Beim Grab vom Magdalenenberg bei Villingen ließ sich aufgrund von Datierungen aus Holzresten (»Dendrochronologie«) ermitteln, daß die zentrale Kammer um 550 v. Chr. angelegt und die Erde im Laufe von fünf Jahren aufgeschüttet worden war. Im Zeitraum der nächsten 20 bis 30 Jahre erfolgten Nachbestattungen. Bereits 540 v. Chr. wurde das Grab das erste Mal, 367 v. Chr. ein zweites Mal ausgeraubt, was die Datierung der zurückgelassenen Schaufelgriffe der Diebe beweist.

Die Grabkammer der Fürstengräber besteht meist aus einer Holzverschalung, über die zum Schutz eine Steinschicht gelegt wurde. Erst danach schüttete man den Hügel auf. In der Regel befindet sich im Grab ein vierrädriger Wagen, der manchmal dem Toten auch als Totenbett dienen konnte. Ferner gab man ihm Gegenstände mit, die es ihm ermöglichen sollten, seine Lebensgewohnheiten auch nach dem Tode fortzuführen. Eine wichtige Beigabe bildeten die Geschirre, damit der Verstorbene auch in der anderen Welt noch Trinkgelage abhalten konnte. Vermutlich legten Familienmitglieder auch Geschenke mit ins Grab.

Einen der spektakulärsten Funde der letzten Jahre stellt das Fürstengrab von Eberdingen-Hochdorf in Baden-Württemberg dar, dessen zentrale Grabkammer noch unversehrt war und eine außerordentlich reiche Ausstattung aufwies.

Dort ruhte ein 1.87 Meter großer Mann von etwa 40 Jahren. Er lag auf einer prunkvollen bronzenen, mit figürlichen Darstellungen verzierten Ruhestatt, einer sog. Kline, und trug etliche Gegenstände für den persönlichen Gebrauch bei sich wie eine Tasche mit Toilettengegenständen, Angelhaken und Dolch, aber auch vermutlich eigens für die Bestattung angefertigte, durch Umbiegen unbrauchbar gemachte Fibeln, einen breiten Armreif aus Gold und einen breiten Bronzegürtel. Ferner fanden sich bei ihm neun prunkvolle Trinkhörner sowie ein großer Bronzekessel, der mit Löwendarstellungen verziert ist. Ein Wagen und Eßgeschirr für neun Personen standen ebenfalls im Grab.

In ähnlicher Form waren auch die anderen Großgrabhügel ausgestattet. Sie spiegeln genau festgelegte Begräbnisrituale wider, die wohl mehrere Tage dauerten und von der Verehrung zeugen, die man den Verstorbenen entgegenbrachte.

Die Bestattungsriten selbst sind nicht genau zu rekonstruieren. Vermutlich fanden mehrtägige Feierlichkeiten statt, bei denen die Zurschaustellung des Leichnams wie auch die speziell angefertigten Kunstgegenstände eine große Rolle spielten. Auch an Trink- und Festgelage, Wagenfahrten und Totenspiele ist zu denken.

Es gibt Hinweise darauf, daß es schon in keltischer Zeit eine Art Kleiderordnung bzw. *Tracht* gegeben hat, wie sie aus dem Mittelalter und der Frühen Neuzeit bekannt ist. Diese erfüllte eine Abzeichenfunktion, indem sie genau erkennen ließ, welchem Stand der Betreffende angehörte.

Über die Spitze der Gesellschaft des 6. und 5. Jahrhunderts v. Chr. sind wir durch die Funde der *Fürstengräber* relativ gut unterrichtet. Die letzten Ruhestätten dieser Personen vermitteln uns heute eine Ahnung vom Lebensstil der dort Begrabenen. Danach scheint die künstlerische Auseinandersetzung der heimischen Handwerker mit den importierten griechischen und etruskischen Luxusgegenständen die Entwicklung eines eigenen künstlerischen Ausdrucks gefördert zu haben.

Die *Bewaffnung* der Kelten wurde vom griechischen Gewährsmann Diodor detailliert beschrieben: »Als Waffen führen sie Schilde von Mannshöhe, die eigentümlich bemalt sind (…). Den Kopf bedecken sie durch eherne Helme mit hochragenden Aufsätzen (…). Einige tragen (…) angeschmiedete Hörner, andere die Köpfe von Vögeln oder vierfüßigen Tieren (…). Etliche tragen einen eisernen Ringpanzer, andere haben keine Panzer als ihre Haut und fechten nackt. (…) Die Speere sind bald gerade geschmiedet, bald gewunden wie eine Schraube und mit Auszackungen nach allen Seiten, so daß sie beim Auftreffen nicht nur in das Fleisch einschneiden, sondern dasselbe förmlich zerreißen und beim Herausziehen die Wunde nur noch vergrößern.«

2. Siedlungsformen

Im Laufe der Jahrhunderte bevorzugten die Kelten verschiedene Siedlungsformen. Bereits während der Hallstattzeit siedelten sie überwiegend auf Höhen. Die Erforschung dieser Höhensiedlungen ist jedoch noch

Kriegswesen und Bewaffnung

Die Informationen, die uns Diodor von der Kriegs-
tüchtigkeit der Kelten vermittelt, lassen sich durch
Ausgrabungen bestätigen. Die Schwerter, die man
fand, zeigen, daß der keltische Krieger seine Waffe
an der rechten Hüfte hängend trug. Die Schilde hatten eine länglich-ovale Form und waren mit einer
längsverlaufenden spindelförmigen Rippe versehen,
über die sich der Schildbuckel wölbte. Dies bot der
Schildhand besonderen Schutz. Auch die Helme mit
angeschmiedeten Hörnern oder Adlern lassen sich
durch Grabfunde bestätigen; sie stammen jedoch aus
früherer keltischer Zeit. Die spätkeltischen Helme
erinnern in ihrer glatten halbkugeligen Form eher an
moderne Jockeymützen als an einen Kopfschutz.
Auch die erwähnten Lanzenspitzen sind durch
Fundmaterial gedeckt.
Bei der Jagd oder im Kampf verwendeten die Kelten
Schleuderkugeln. Die Kugel wurde in einen schma-
len Lederriemen gelegt und mehrfach über den Kopf
gewirbelt, bevor man das eine Ende losließ, so daß
sie wie ein Geschoß wegflog. Die Kugeln besitzen
eine Reichweite von ca. 1.80 Meter und geübte
Schleuderer können auf 50 Meter Entfernung einen
Stock treffen. Als Trophäen ihrer Siege sammelten
die meist nackt kämpfenden Kelten die Köpfe der
Feinde.
Im Zusammenhang mit kriegerischen Auseinandersetzungen muß auch die keltische Trompete, der
»Carnyx«, genannt werden, die in einem Tierkopf
endete und als Kriegsinstrument eingesetzt wurde.
Die Trompete ist aus bildlichen Darstellungen, z. B.
auf dem Silberkessel von Gundestrup, und sogar
durch Originalfundstücke bekannt.

längst nicht abgeschlossen, und man kann mit laufender Aktualisierung der Erkenntnisse rechnen. Zwischen Ostfrankreich und Baden-Württemberg kann man ab dem 6. Jahrhundert v. Chr. beobachten, daß die Siedlungen von einem Fürsten dominiert wurden. Vier bis sechs Generationen haben diese Orte bewohnt, von denen man annimmt, daß sie Zentralorte darstellten. Obwohl diese Siedlungen enge Beziehungen untereinander pflegten, blieben sie doch eigenständig, was ihre Geschichte angeht. Es gibt einige Hypothesen, warum diese Siedlungen irgendwann aufgelassen wurden, doch läßt sich der Grund nicht mit Bestimmtheit sagen. Sicher ist jedenfalls, daß es ein abruptes Ende für die Fürstensiedlungen gab. Die Höhensitze waren im allgemeinen von einer Wehrmauer eingefaßt. Die Bebauung im Innern läßt sich oft nicht genau rekonstruieren, doch erlauben gewisse Indizien Aussagen über die Dichte der Besiedlung. In der Nähe der Höhensiedlungen legte man oft Gräberfelder an. So waren in Bayern die sog. Herrenhöfe, eingefaßte Hofanlagen bäuerlicher Natur, verbreitet.

Jüngste Ausgrabungen zeigen aber, daß die keltischen Stämme auch im Flachland Siedlungen anlegten. Welchen Stellenwert diese gegenüber den Höhensiedlungen der späten Hallstatt – und frühen Latène-Zeit besaßen, ist noch nicht weiter erforscht.

Die Zeit bis zur Mitte des 2. Jahrhunderts v. Chr. ist siedlungsmäßig schwer faßbar. Um 150 v. Chr. sind die ersten stadtähnlichen Siedlungen, die Oppida, vor allem im Zentrum Europas anzutreffen. Der Beginn der Oppidakultur kann jedoch schon am Ende des 3. Jahrhunderts v. Chr. angesetzt werden. Der Begriff »Oppidum« (Plural: Oppida) ist ein von der Archäologie geprägter Fachbegriff für eine Siedlungsform an befestigten Plätzen, die auf Cäsars Beschreibung dieser Orte zurückgeht. Die Oppida sind durch eine große Grundfläche und demnach entsprechend hohe Einwohnerzahl gekennzeichnet. Vor

Oppida und mittelalterliche Städte im Vergleich

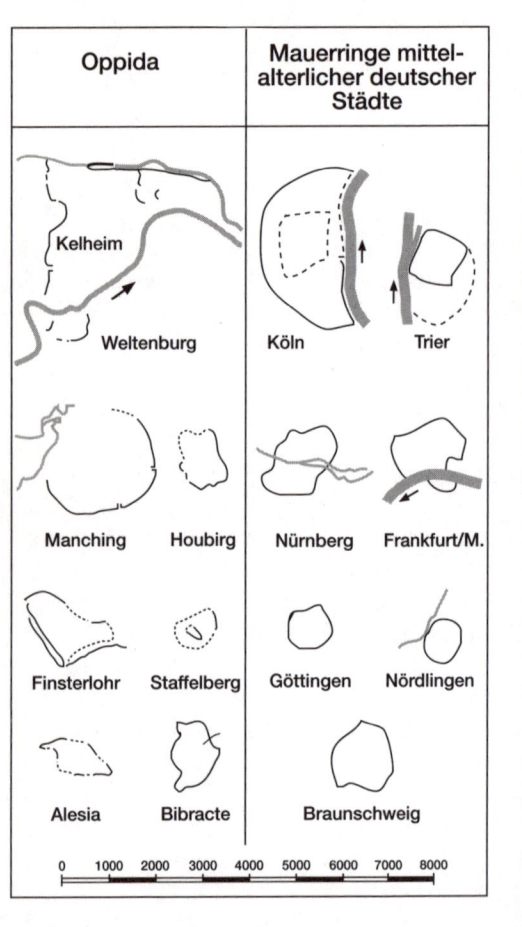

Oppida	Mauerringe mittel- alterlicher deutscher Städte
Kelheim / Weltenburg	Köln / Trier
Manching / Houbirg	Nürnberg / Frankfurt/M.
Finsterlohr / Staffelberg	Göttingen / Nördlingen
Alesia / Bibracte	Braunschweig

0   1000   2000   3000   4000   5000   6000   7000   8000

allem die Ausgrabung von *Manching* bei Ingolstadt prägt dabei das Bild vom Leben und Zusammenleben der Kelten.

Die Hauptfunktion der Oppida lag in der Verteidigung. Innerhalb des Mauerrings fanden die Menschen Schutz. Dies erkennt man auch an den ausgewählten Siedlungsplätzen auf Bergrücken und Inseln (z. B. Paris) oder auf Halbinseln (z. B. Bern). Dabei blieben sie gleichzeitig in ihrer Lage gut zugänglich, so daß man annehmen kann, daß eine Kombination von guter Verteidigungsmöglichkeit, leichtem Zugang und Nähe zu wichtigen Verkehrsrouten die Wahl des Siedlungsplatzes bestimmte. In einigen Fällen sind die Oppida nur von einer Generation oder sogar noch kürzer besiedelt worden. Andererseits gibt es aber auch andere Orte, speziell unter modernen Städten wie Paris, Bern, Genf oder Mailand, die von einer lang andauernden Siedlungskontinuität bis in unsere Tage zeugen. Die Oppida erstreckten sich über ein großes Areal, das die Fläche mittelalterlicher Großstädte bei weitem übertraf. Innerhalb des Mauerrings befand sich kein dicht gedrängtes Häusermeer, sondern ein Zusammenschluß von Wirtschaftshöfen, die natürlich eine viel größere Ausdehnung aufwiesen als reine Wohnhäuser.

Die Stellung der Oppida als Wirtschaftszentren wird von der Forschung allerdings nur angenommen und kann selten bewiesen werden, denn bisher fand kaum eine systematische Untersuchung des bäuerlichen Umlandes statt. Münzen mit Inschrift waren außerhalb der Oppida unbekannt. Wir wissen nicht, ob dies darauf zurückzuführen ist, daß man außerhalb der Handelszentren kein Geld kannte. Ebensowenig weiß man, woher die Oppidabevölkerung stammte.

Die Oppida spielen eine wichtige Rolle für die industrielle Produktion wie Eisenverhüttung und -verarbeitung. Man fand auch Form- und Schmelztiegel für die

Manching

Manching bestand zu Beginn aus einer kleinen offe-
nen Siedlung, die im Laufe der Zeit kontinuierlich
wuchs. Am Übergang zum 2. Jahrhundert v. Chr.
kam es dann ziemlich schnell zu einer Vervielfa-
chung der Siedlungsfläche und in der letzten Hälfte
des 2. Jahrhunderts erreichte das Oppidum schließlich seine größte Ausdehnung. In dieser Zeit war es
von einer Mauer im Stil des »murus gallicus« umgeben. Die beiden noch erkennbaren Tore des Mauerrings weisen eine ungewöhnliche Konstruktion
auf. Die Tore lagen am Ende einer langen Gasse.
Diese Zangentore boten beste Verteidigungsmög-
lichkeiten, denn es konnten sich nur wenige Angrei-
fer gleichzeitig im Torbereich aufhalten.
Die Mauer umschloß kein im heutigen Sinne städ-
tisch dicht besiedeltes Areal. Vielmehr scheint es
sich nach dem heutigen Stand der Forschung um
einen Zusammenschluß zahlreicher Höfe gehandelt
zu haben, die sich auf verschiedene Bereiche des
Wirtschaftslebens spezialisiert hatten. So fand man
Bereiche, in denen eindeutig das Handwerk dominierte neben anderen, die eine bäuerliche Struktur
aufwiesen.
Der Bebauung lag ein Plan zugrunde. Als Grund-
prinzip erkennt man eine Einteilung in Parzellen, die
sich nach den Straßenzügen ausrichteten. Die Häuser selbst waren aus Pfosten gebaut, die eine mit
Lehm bestrichenen und getünchten Flechtmauer
verband. Es ist eine Einteilung in zwei Räume erkennbar. Weitere Aussagen zur Unterteilung der
Häuser sind wegen des nicht erhaltenen Fußboden-
niveaus nicht möglich. Daneben fand man bisher
auch vieleckige Häuserreste, die von einem Viereck-

graben umgeben waren. Vermutlich handelte es sich hierbei um öffentliche Gebäude. Aus der Bebauungsstruktur und den Funden läßt sich erkennen, daß Manching sehr komplex organisiert war. Nach unterschiedlichen Berechnungen lebten zwischen 5.000 und 10.000 Menschen dort. Es läßt sich ein Maß- und Gewichtssystem sowie ein Münzwesen rekonstruieren. Landwirtschaft und Viehzucht bildeten die Grundlage der Ernährung. Um die Tiere über den Winter zu bringen war eine gut organisierte Vorratswirtschaft vonnöten. Die Lage an der Donau ermöglichte weitgespannte Handelsbeziehungen. Wahrscheinlich handelte man mit Eisen, denn zahlreiche Verhüttungsplätze in der Umgebung zeugen von einer ausgedehnten Eisenindustrie. Man kann außerdem annehmen, daß das Handwerk eine der Haupteinnahmequellen der Siedlung darstellte. Das Zusammenleben in einer städtischen Siedlung begünstigte generell die Entwicklung und Verfeinerung handwerklicher Fertigkeiten.

Die römische Expansion und die germanischen Einfälle, die das gesamte Wirtschaftssystem der Oppida schließlich zum Erliegen brachten, machten auch vor Manching nicht halt. Eine Eroberung der Siedlung ist allerdings eher unwahrscheinlich, vielmehr deutet die Fundlage auf ein allmähliches Verlassen des Ortes hin.

Buntmetallverarbeitung. Das Handwerk blühte in den Großsiedlungen. Von Webern bis zu Sattlern, vom Zimmermann bis zum Schmied gab es alle Handwerksberufe.

Gleichzeitig müssen die Oppida aber auch wichtige Zentren für die lokale Warenverteilung gewesen sein, wie sich aus den verschiedenen Münzfunden rekonstruieren läßt. Die Produkte der jeweiligen Orte sind leider noch nicht im einzelnen identifizierbar. Offenbar erfüllten die Oppida eine Marktfunktion. Es wurden auch Münzen geprägt, die zum Teil mit dem Namen des Oppidums ausgezeichnet sind. Die Oppida waren auch Brennpunkte des Fernhandels: Dies läßt sich aus dem Befund am Magdalensberg bei Klagenfurt in Kärnten erkennen, wo sich italienische Händler Steinhäuser in eigenen Vierteln bauten und die Namen ihrer Kunden an den Kellerwänden notierten. Es existierten also Wohnviertel ausländischer Händler in den Oppida. Die Elite verlangte nach Luxuswaren. Dafür war es wichtig, die Handelsrouten zu kontrollieren, auf denen italienische und griechische Waren transportiert wurden. Dies galt vor allem für die Zeit nach 120 v. Chr., als durch die römische Eroberung der Provence der Handel ungeheuer zunahm und sich die Beziehungen zwischen Mittelmeerländern und Mitteleuropa intensivierten.

Die Art des Zusammenlebens und -arbeitens läßt auf freien Handel und auch auf persönliche Freiheit der Bewohner schließen. Wie die Verwaltung und das öffentliche Leben der Oppida funktionierte, ist allerdings aus der Fundlage nicht mehr zu ersehen. Man kann keine öffentlichen Gebäude oder gar Tempel ausmachen. An diesem Punkt sind wir vollständig auf die Berichte der antiken Autoren, allen voran Cäsar, angewiesen. Man geht davon aus, daß religiöse Plätze eher in ländlicher Umgebung zu finden sind und es keine zentralen Stadttempel wie in den antiken Metropolen des Mittelmeerraumes gab.

Während des 1. Jahrhunderts v. Chr. nahm die Bedrohung durch Germaneneinfälle und durch die römische Expansionspolitik zu. Die Eroberungen Cäsars brachten Veränderungen mit sich, die wohl das gesamte Wirtschaftssystem der Oppida zum Erliegen brachten. Darauf deutet der Befund in Manching hin, denn die letzten Importe von italienischem Wein datieren aus der Zeit um 80 v. Chr.

3. Ackerbau und Ernährung

Die Agrarproduktion bildete die Haupteinnahmequelle der Kelten. Die Bauern besaßen Geräte aus Metall, die eine effektive Bodennutzung ermöglichten. Um Bäume zu roden, verfügte man über Äxte mit Metallschneiden, ab der älteren Hallstattzeit vorwiegend aus Eisen. Die Pflüge hatten eiserne Pflugscharen, die ähnlich wie der Beetpflug, die Scholle auch wenden konnten. Die Frucht wurde mit eisernen Sensen und Sicheln geerntet.

Durch archäobotanische Untersuchungen läßt sich die Nahrungspalette der Kelten rekonstruieren. Das wichtigste Brotgetreide war Dinkel, der einen großen Ernteertrag bringt und sehr gut gelagert werden kann. Vor dem Verzehr muß das Korn allerdings erst von seiner festen Schale befreit werden. Dinkel wurde vor allem als Wintergetreide gezogen.

Als weitere Getreidesorte bauten die Kelten Emmer an, der bereits nach zwei bis drei Monaten erntereif sein kann und deshalb vor allem für Gegenden mit rauherem Klima interessant ist. Auch Gerste fand Verwendung. Das Getreide wurde im Fruchtwechsel angebaut, um den Boden nicht zu stark zu beanspruchen.

Als Pferdefutter verwendete man wahrscheinlich Rippenhirse, die reichlich angebaut wurde. Die Pferde brauchten aber zusätzlich auch Weideflächen. Schweine, Rinder, Schafe und Ziegen hingegen schickte man zur Nahrungssuche in den Wald.

Neben dem Getreide bauten die Kelten Hülsenfrüchte wie Erbsen, Linsen und Ackerbohnen an. Aus Leinsamen gewannen sie Öl, die Fasern hingegen verarbeiteten sie zu Textilien. Als weitere Ölpflanze nutzten die Kelten den Schlafmohn; der Milchsaft aus den unreifen Samenkapseln enthält Opium. Die berauschende Wirkung des Schlafmohns war im übrigen schon seit der Bronzezeit bekannt, so daß die Pflanze wahrscheinlich nicht nur zur reinen Öl- oder Gewürzgewinnung angebaut wurde, sondern auch als Droge Verwendung fand.

Zahlreiche Funde aus den verschiedenen keltischen Siedlungsgebieten belegen ferner, daß viel Fleisch verzehrt wurde. Die Tierhaltung und -wirtschaft hing jedoch stark von den jeweiligen Umweltbedingungen ab, so daß sich regional große Unterschiede in der Art und Weise der Viehhaltung ergaben.

Als Haustiere kannten die Kelten Pferd, Rind, Schaf, Ziege, Schwein, Hund und Huhn. Die Milch kam sowohl von Kühen als auch von Schafen und Ziegen. Da sie die Tiere extensiv hielten, war der Milchertrag vermutlich nicht sehr hoch.

Die schlankwüchsigen und hochbeinigen Schweine erreichten erst im zweiten oder dritten Jahr ein ausreichendes Schlachtgewicht. Wildtiere ergänzten und bereicherten den Speiseplan. Neben Rotwild jagten die Kelten Elche, Wildschweine, Hasen, aber auch – nach den entsprechenden Knochenfunden – Bären, Dachse, Biber, Füchse und Fischotter. Auch Wildvogelknochen fanden sich an den verschiedenen keltischen Siedlungsplätzen.

Tiere spielten zusätzlich eine wichtige Rolle als Opfertiere in religiösen Zeremonien und als Grabbeigaben. Rind-, Schaf- und Schweinefleisch wurde den Toten der keltischen Frühzeit mit auf den Weg in die andere Welt gegeben.

Neben der Milch und natürlich dem Wasser, tranken die Kelten Bier und Wein. Die Ausgrabung in Manching förderte italische Amphoren zutage, die auf Weingenuß, wahrscheinlich aber nur bei der Oberschicht, schließen lassen. Diodor bemerkt, daß die Kelten bei ihren *Gelagen* unmäßige Trinksitten gepflegt hätten: Sie genössen den Wein unvermischt, bis sie berauscht seien und in Schlaf fielen. Den unteren Bevölkerungsschichten blieb das Bier vorbehalten, wobei die antiken Autoren ver-

Gelage

Durch den antiken Gewährsmann Poseidonios ist die Beschreibung eines keltischen Festgelages überliefert. Danach saßen die Teilnehmer am Festmahl in einem weiten Kreis beisammen, die wichtigste Person aber in der Mitte. Neben dieser lagerte in der Regel der Gast, dann rechts und links davon die anderen in der Reihenfolge ihrer Bedeutung. Hinter den Kriegern standen die Schildträger; die Speerträger jedoch bildeten einen eigenen Kreis und waren berechtigt, am Festmahl teilzunehmen. Als Sitzgelegenheit lag Stroh auf dem Boden. Die Tische waren sehr niedrig konstruiert und aus Holz gebaut. Als Nahrung zählt Poseidonios wenig Brot und viel Fleisch auf, das sie entweder gekocht oder geröstet verzehrten. Diener trugen die Speisen auf Tabletts heran. Ein einziger Becher machte die Runde.

Aufgrund des reichlichen Alkoholgenusses kam es während des Festmahls wohl hin und wieder zu Kämpfen, die mit dem Tod eines der Kontrahenten endeten. So jedenfalls berichten die antiken Gewährsmänner, aber auch in der keltischen Heldensage liest man ähnliches.

schiedene Bierarten erwähnen: Weizenbier mit Honig gebraut oder Gerstenbier.

4. Handwerk und Techniken

Handwerk und Kunst sind in keltischer Zeit kaum zu trennen. Auch profane Gegenstände wurden mit religiösen Motiven verziert, und zwar nicht nur die Gegenstände, die zum Schmücken und Repräsentieren dienten, sondern auch einfache Haushaltsgegenstände.

43

In der keltischen Zeit blühte das Handwerk extrem auf. Neue Techniken und Werkstoffe kamen zur Anwendung, Serienfertigung und Neuerungen in der Formgebung setzten sich durch. Ohne Anspruch auf Vollständigkeit zu erheben, sollen im folgenden einige Handwerkszweige der Kelten exemplarisch vorgestellt werden.

Unser Wissen über die verschiedenen Handwerke, ihre Geräte und Werkzeuge ergibt sich aus einer guten Fundlage, die sich durch alle Jahrhunderte keltischen Lebens zieht.

Im Laufe des 8. Jahrhunderts v. Chr. hatte sich das Eisen als Werkstoff für Geräte und Waffen durchgesetzt. Für die Gewinnung und Verarbeitung dieses Metalls benötigte man spezielle Kenntnisse der Eisenverhüttung. Nun konnten landwirtschaftliche Geräte wie Sensen und Sicheln entwickelt werden. Am nördlichen Alpenrand entstand in keltischer Zeit ein Zentrum der Eisenerzgewinnung und -verarbeitung. Das Eisen gewannen die Kelten in Schmelzöfen, den sog. *Rennöfen*. Um diese Öfen betreiben zu können, brauchte man eine ausreichende Menge an Holzkohle, die in den ausgedehnten Wäldern des Alpenvorlandes hergestellt wurde.

Über das Handwerkszeug des Schmieds sind wir besonders durch Manchinger Funde unterrichtet. Hier gruben Archäologen allein 20 verschiedene Gerätetypen zur Metallverarbeitung aus, darunter Zangen und Schmiedehämmer, mit denen das Werkstück gehalten und geformt wurde, Feilen, Flach- und Kreuzmeißel sowie Punzen, die der weiteren Ausgestaltung dienten.

Das Schmiedehandwerk unterteilte sich in unterschiedliche Sparten. Es gab Grob- und Feinschmiede, aber auch Kunst- und spezielle Waffenschmiede.

Der Grobschmied stellte vermutlich Werkzeuge und Geräte her. Man brauchte Hämmer und Feilen, Sägen und Messer, Bohrer und Drechsel. In der Landwirtschaft wurden Sensen und Sicheln, Pflugscharen und Hacken

Rennöfen

Der älteste Nachweis für Eisenverhüttung nördlich der Alpen stammt aus der Eifel und läßt sich in die späte Hallstattzeit datieren. Hier fand man Reste eines Rennofens, wie er aus späterer Zeit vielfach bezeugt ist.

Diese Rennöfen legten die Kelten meist als Gruben an, oder aber sie bauten einfache Schachtöfen, deren Grundriß ein Kreis bildete. Der Ofenmantel bestand aus Lehm oder Stein und war vermutlich als Kuppel gewölbt. Zum Ofen hin führte ein überwölbter Kanal, der als Windkanal, aber auch als Abstich für das Roheisen diente. In der Latènezeit baute man Düsenlöcher für Blasebälge ein, so daß der Abstichkanal nicht mehr als Windkanal fungieren mußte.

Zur Eisengewinnung wurde eine Mischung aus eisenerzhaltigem Gestein und Holzkohle in den Ofen eingefüllt. Bei Temperaturen von 1.100 bis 1.400 °C sammelte sich das stark mit Holzkohlenschlacke vermischte Roheisen in der Ofengrube. Dieses Eisengemisch wird »Luppe« oder »Wolf« genannt. Durch zahlreiche Schmiedevorgänge nach nochmaligem Erhitzen auf 800 °C konnte das Eisen langsam von der Schlacke befreit und zu Eisenbarren umgeschmiedet werden. Die Barren waren pyramiden- oder stabförmig. Es kamen aber auch Doppelspitzbarren vor.

Der erhaltene, reduzierte Werkstoff bestand aber nicht aus reinem Eisen. Dann durch die Beimengung von Kohlenstoff aus der Verhüttung mit Holzkohle entstand Stahl. Erst bei höheren Kohlenstoffwerten beginnt Stahl seine Härtbarkeit zu zeigen. Dieser Zustand konnte von den Kelten erzeugt und ausgenutzt werden.

sowie Schaufeln benötigt. Auch im häuslichen Bereich fand eine Vielzahl von Geräten Verwendung: Fleischgabeln und Kessel, Kesselhalter, Roste und Herdschaufeln, Bratspieße und Scheren. Auf dem Magdalensberg in Kärnten fand man sogar Steigeisen, die Ende des 1. Jahrhunderts v. Chr. hergestellt worden waren. Diese sehr anspruchsvolle Schmiedearbeit zeigt, daß die Kelten sich Hilfen für die vereisten Wege übers Gebirge anfertigten. Demselben Zweck diente eine besondere Neuerung in der Grobschmiedetechnik, die man den Kelten zuschreibt: angeblich beschlugen sie als erste ihre Pferde, um die steinigen Handelswege über die Alpen begehen zu können.

Der Feinschmied fertigte die Fibeln sowie den metallenen Schmuck an. Aber auch Kultgegenstände wie der Kultwagen von Strettweg in der Steiermark, Tierfiguren und Halterungen für Trinkhörner gehörten in das Ressort des Feinschmieds.

Aus der Werkstatt des Waffenschmieds stammten Dolche und Schwerter, Lanzenspitzen und Helme. Bei einem hallstattzeitlichen Dolch aus dem schweizerischen Kanton Fribourg ergab die Untersuchung, daß allein zur Herstellung von Griff und Klinge 18 Einzelteile miteinander vernietet worden waren. Die Eisenscheide bestand aus weiteren 25 Teilen. Die eisernen Dolche wurden häufig mit eingelegten Bronzefäden verziert. Dieses Verfahren nennt man »Tauschierung«.

Die Herstellung von Waffen erforderte eine besondere Technik und Geschicklichkeit. Den Waffenschmieden dürfte eine besondere Stellung zugekommen sein, denn gerade die Herstellung der bis zu 80 Zentimeter langen Schwertklingen verlangte über die Geschicklichkeit hinaus spezielle Materialkenntnisse. Um die Biegsamkeit der Klingen bei gleichbleibender Stoßkraft zu erhöhen, wurden mehrere Lagen Eisenblechstreifen übereinandergelegt und zusammengeschmiedet. Dieses Verfahren erinnert an die Technik des *Damaszierens* von Klingen. Die Schwertscheiden waren aus dünnem Eisenblech zusammengefügt und mit gravierten, punzierten oder getriebenen Ornamenten versehen. Auch Schlagmarken, einfache Ornamente oder Tierdarstellungen, fanden häufig Verwendung.

Große Bedeutung besaßen in der ausgehenden Hallstatt- und frühen Latène-Zeit auch die Goldschmiede, wenn man sich die Gegenstände, von Kultkegeln bis zu Goldschmuck und goldverzierten Helmen, vor Augen führt. Es scheint im Voralpenraum, von dem uns relativ gute Zeugnisse vorliegen, wenige Spezialwerkstätten gegeben zu haben, die im Auftrag der keltischen Oberschicht arbeiteten. Hinweise auf diese Annahme gab die Ausgrabung des Fürsten von Hochdorf, wo belegt werden konnte, daß der im Grab gefundene Goldschmuck,

---

Damaszieren

Die Technik des Damaszierens sollte die Festigkeit und Zähigkeit der Klinge erhöhen. Als Klingenkern nahm man einen Stahlstab, der mit weichen Eisendrähten verschweißt wurde. Beiderseits des Kerns schweißte man weitere, miteinander verflochtene dünne Stäbe aus mit Kohlenstoff angereichertem Stahl an und fügte schließlich die Schnittkanten hinzu. Die Schwertschneiden wurden geschärft, indem man die Klinge am Schluß nochmals erhitzte und dann kalt abschreckte. Die Endbearbeitung konnte durch Dengeln erfolgen. In der Latènezeit wurden die Schwertklingen oft mit eingeätzten Ziermustern oder Punzierungen versehen.

Die Herstellung einer derartigen Klinge dauerte etwa 75 Stunden. Dieser Stahl war besonders stark und elastisch.

mit Ausnahme des Halsrings, an Ort und Stelle hergestellt worden war. Wo das Gold herstammte, das in der Späthallstatt- und Frühlatènezeit so reichlich verarbeitet wurde, ist noch nicht im größeren Umfang zweifelsfrei nachgewiesen. Einiges deutet jedoch darauf hin, daß die Kelten Mitteleuropas ihr Gold aus Spanien bezogen. Silberverarbeitung spielte bei den Kelten hingegen nur eine untergeordnete Rolle.

Töpfern ist eines der ältesten Handwerkszweige überhaupt. Bereits im 7. Jahrtausend v. Chr. sind erste Töpfereierzeugnisse im vorderen Orient hergestellt worden und seit dem 5. Jahrtausend kennt man Töpfereiwaren in Europa. Funde aus der späthallstattzeitlichen Heuneburg in Baden-Württemberg zeigen, daß man schon im 7. Jahrhundert v. Chr. in der Lage war, freihändig geformte, dünnwandige und feine Keramik herzustellen. Dies läßt darauf schließen, daß es hier ein spezialisiertes Töpfergewerbe gab, das über eine einfache Vorform der Töpferscheibe verfügte.

Eine umwälzende Neuerung in der Töpferei bedeutete die Erfindung der schnell rotierende Töpferscheibe, die als Importgut aus Griechenland auf dem Dürrnberg bei Hallein um 450 v. Chr. zum Einsatz kam. Die Scheibe ermöglichte es, neue Gefäßformen zu entwickeln, die in der sogenannten Linsenflasche gipfelten, einer Flasche mit langem Hals, deren Bauch die Form eines liegenden »V« beschreibt.

Auf griechischen Vasen des 6. und 5. Jahrhunderts v. Chr. ist die Herstellung von Keramik auf schnell rotierenden Töpferscheibe abgebildet. Es sind immer zwei Personen dargestellt, der Töpfer und sein Gehilfe, welcher die Scheibe in Schwung halten mußte. In der Hallstattzeit findet man diese Keramik allerdings nur in den Fürstengräbern. Die mit der neuen Technik hergestellten Kunstgefäße waren wohl zunächst nur für die Oberschicht erschwinglich.

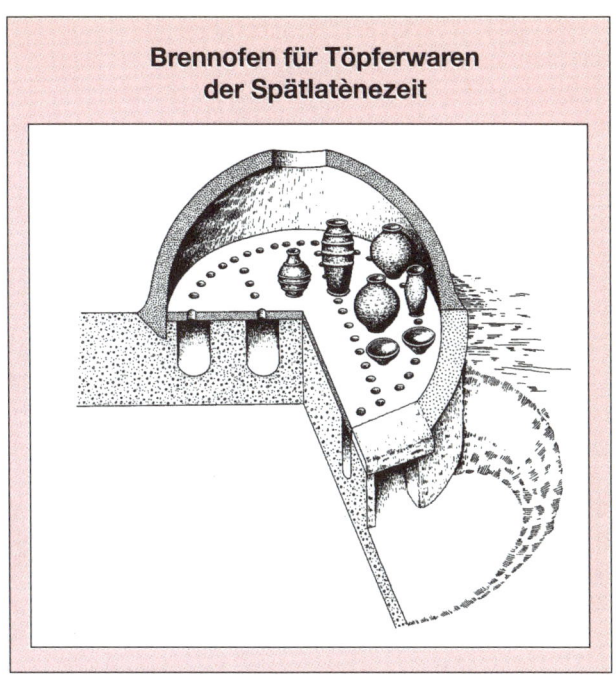

**Brennofen für Töpferwaren
der Spätlatènezeit**

Das Brennen der Ware erfolgte in Kuppelöfen, deren obere Öffnung reguliert werden konnte. Zwischen dem Heizraum und der Brennkammer befand sich eine Zwischendecke, die mit zahlreichen Löchern versehen war, durch die die Heizgase aufsteigen konnten. Die Gefäße wurden langsam auf 600 bis 800 °C erhitzt und mittels ständiger Sauerstoffzufuhr rot gefärbt. Erst nach mehreren Stunden schloß man das Abzugsloch und nachdem der Ofen zwei Tage abgekühlt war, konnten die Gefäße entnommen werden. Wollte man eine Schwarzfärbung erzielen, wurden nach Erreichen der notwendigen Temperatur sämtliche Löcher verschlossen, nachdem man nasses Holz in die Heizkammer eingebracht hatte.

49

Im Verlauf der verschiedenen Kulturstufen begegnen uns unterschiedliche Verzierungen auf den Gefäßen. Die mittelhallstattzeitlichen Gefäße zierten geritzte oder gestempelte Ornamente. In der Späthallstattzeit ging man zur Maltechnik über. Auch findet sich tiefschwarzglänzende, dünnwandige Ware, die etruskische Gefäße nachahmte. In der Frühlatènezeit wurden diese häufig mit Kammstrichen und Rippen verziert.

Es gab vermutlich eine große Zahl kleiner, lokaler Töpfereien, die für den täglichen Bedarf arbeiteten. Aber es existierten wahrscheinlich auch größere Manufakturen in den Zentralorten, die ihre Keramik in den Handel brachten.

Von den Kelten ist eine größere Menge Glasschmuck überliefert. Erste Funde von Glasperlen im nördlichen Alpengebiet stammen schon aus der Urnenfelder- und Hallstattzeit. Sie sind allerdings Importware aus dem Raum östlich der Adria. Eigene Glasproduktion und -bearbeitung setzte bei den Kelten um 250 v. Chr. ein. Zur Herstellung von Glas verwendeten sie Quarzsand und Soda mit Beimengungen von Kalk. Nach längerer Erhitzung entstand eine Glasschmelze, die mit Mineralien eingefärbt werden konnte. Es konnten die Farben Tiefblau, Grün, Gelb, Braun und Rotviolett erzeugt werden. Um einen nahtlosen Glasring zu fertigen, brachte man einen Klumpen Glasmasse auf einen dünnen Spieß auf und schleuderte ihn so lange, bis er sich ringförmig ablöste und die gewünschte Größe und Form hatte. Ein anderes Verfahren bestand darin, den Klumpen über einen an der Spitze keulenförmig verdickten Stab zu drehen, bis sich der inzwischen entstandene Ring etwas ablöste. Dann konnte man mit einem zweiten Stab in die entstandene Lücke fahren und den Ring langsam ausdehnen. Die Außenseite der Ringe verzierte man dann durch Noppen oder aufgelegte Fadenmuster sowie durch Abrollen auf einer Matrize. Auf diese Art ließen sich bei entsprechender Übung in kurzer Zeit sehr viele dieser Armreife herstellen. Man kann also vermuten, daß ein kleiner Familienbetrieb ausreichte, um eine Siedlung wie Manching mit Armreifen zu versorgen und darüber hinaus noch das Umland zu beliefern.

Neben den Glasarmreifen schmückte man sich auch mit Ringen aus bearbeiteter fossiler Kohle, *Gagat* und *Sapropelit* genannt. Die Tonnenarmbänder aus Gagat, die aus der Späthallstattzeit stammen, wurden auf einer Drehbank hergestellt. Die Sapropelitringe hingegen schnitt man aus flachen Scheiben heraus und bearbeitete sie anschließend. Mit dem Aufblühen der Glasproduktion verschwanden die Sapropelitringe aber langsam – vielleicht war die Anschaffung inzwischen im Vergleich zum »billigen« Glas zu teuer geworden.

Die Kelten verarbeiteten sowohl Bernstein als auch Horn. Man fand Perlen, die in unterschiedlichster Form gedrechselt oder geschnitzt und mit zarten Mustern verziert waren. Ebenso entdeckte man Plättchen aus Hirschhorn, in die ein filigranes Spitzenmuster geschnitzt war.

Da die Kelten ihre Häuser aus Holz bauten, kam den

Gagat und Sapropelit

Gagat ist eine Pechkohlenart, die auf der Schwäbischen Alb vorkam und bergmännisch abgebaut werden mußte. Noch im 15. Jahrhundert ist das Handwerk der Gagatschneider in Schwäbisch Gmünd bezeugt.

Sapropelit ist ein versteinerter Faulschlamm, der in Nordböhmen, nordwestlich von Prag, gewonnen und über weite Strecken gehandelt wurde. Sapropelitringe ähneln den Glasringen, wurden aber nicht nur von Frauen, sondern gelegentlich auch von Männern getragen.

Zimmerleuten eine große Bedeutung zu. Die Balken wurden mit Äxten und Beilen aus großen Eichenstämmen herausgehauen und zugerichtet. Die Zimmerleute besaßen beträchtliche Kenntnisse in der Baukonstruktion. Auch die hölzernen Grabkammern zeugen von ihren Fähigkeiten. Auf dem Magdalenenberg bei Villingen waren die Grabkammern in Blockbauweise fugenlos übereinander gelegt und sorgfältig verarbeitet.

Auch Wagner und Stellmacher müssen bei den Kelten eine herausragende Stellung eingenommen haben, denn aus der späten Hallstattzeit sind etliche *Wagengräber* überliefert. Diese Wagen waren wohl als *Kult- und Prunkwagen* für die Oberschicht gedacht.

Für den Wagenbau mußten Holz- und Metallhandwerker eng zusammenarbeiten, denn die Holzräder weisen Beschläge für Radnaben, Speichen und Felgen auf, die man entweder nagelte oder warm aufzog. Die Felgen bestanden aus einem einzigen Felgenholz, das zu einem Kreis gebogen wurde. Mitunter brachten die Handwerker einen zusätzlichen Felgenkranz aus Segmenten an. Die Räder hatten in der Regel sechs bis zwölf Speichen. Der Wagenkasten war sehr leicht konstruiert. Er besaß niedrige Seiten und eine rechteckige Form. Die Deichsel war mit der Vorderachse verbunden und in Längsrichtung beweglich. Den Wagenaufbau besorgte dann der Stellmacher. Neben den rekonstruierten Kultwagen existierten sicher auch Vehikel für den Transport und Handel.

Die Drechsler stellten neben den für den Wagenbau benötigten Teilen auch Holzgefäße für den Haushalt her, die allerdings nur in Ausnahmefällen die Zeiten überdauert haben. Überliefert ist eine kunstvoll gearbeitete Schale, die einem griechischen Vorbild nachempfunden wurde. Entsprechende Beschlagfunde lassen auch Rückschlüsse auf komplizierte Gefäße wie Schnabel- und Röhrenkannen zu. Die Technik der Holzbearbeitung bezeugen zahlreiche Werkzeugfunde: So kennen

Kult- und Prunkwagen /
Wagengräber

Man kann von einer eigenen kulturgeschichtlichen Entwicklung im Wagenbau ausgehen. Am häufigsten kam der vierrädrige Zeremonialwagen vor, der bis in die Urnenfelderzeit (12. Jahrhundert v. Chr.) zurückverfolgt werden kann. In dieser Zeit und, nach einer Unterbrechung von 400 Jahren, wieder in der Hallstattzeit wurden die Wagen zusammen mit Trinkgeschirr und Waffen in Gräber von hochstehenden Personen als Statussymbol eingebracht. Die Beigaben verweisen vermutlich auf gesellschaftliche Aufgaben des Verstorbenen als Gastgeber, Kriegsführer und Veranstalter von Umzügen, die wohl kultischen Charakter besaßen. Im Laufe der Hallstattzeit breitete sich die Sitte der Wagengräber bis nach Ostfrankreich hin aus. Das Aussehen der hallstattzeitlichen Wagen kann man aus den Beschlägen rekonstruieren, die in den Gräbern die Zeiten überdauert haben, während das Holz verrottet ist. Danach waren sie nicht geeignet, große Lasten aufzunehmen, und es hatten höchstens zwei Personen Platz. Sie dienten vermutlich für kürzere Reisen oder eben für festliche Umzüge. Diese Wagen waren auch immer ein fester Bestandteil der Fürstengräber. In der jüngeren und späten Hallstattzeit nimmt die Anzahl der Wagengräber für Frauen zu, was auf deren veränderte Stellung in der Gesellschaft schließen läßt. Ein gutes Beispiel ist hier das Grab der »Prinzessin von Vix«, das auch einen Wagen beinhaltete.

Gleichzeitig mit diesen Gräbern treten auch Wagenmodelle in Erscheinung. Diese Modelle tragen ein Gefäß aus Bronze und werden als »Kesselwagen«

bezeichnet. Auch hier können wir von einer kultischen Funktion ausgehen. Der Kultwagen von Strettweg aus der ersten Hälfte des 7. Jahrhunderts v. Chr. ist solch ein Modell.

In der Frühlatènezeit wurden fast ausschließlich zweirädrige Wagen in die Gräber gestellt. Diese zeichneten den Toten als Streitwagenkrieger aus. In der mittleren und späten Latènezeit scheint die Sitte abzunehmen, Wagen mit ins Grab zu geben. Auch ging man wieder dazu über, die Verstorbenen und ihre Habe zu verbrennen, so daß die herrschaftliche Grabsitte nur noch schwer zu rekonstruieren ist.

In der Spätlatènezeit klang die Wagengrabsitte dann allmählich aus. Nun finden wir vermehrt Reitergräber.

wir die Äxte, Beile und Sägen, die Feilen und Meißel, die Bohrer und Ahlen. Nicht nur Häuser und Alltagsgegenstände waren aus Holz, sondern auch auch Plankenwege, Brücken und Zäune. Unter anderem berichtete Cäsar auch von der keltischen Kunst des Bootsbaus, der in der damaligen Zeit eine herausragende Stellung einnahm.

Reste von Geweben, die unter günstigen Bedingungen erhalten geblieben sind, lassen Rückschlüsse auf Tracht und Bekleidung des jeweiligen Zeitabschnitts zu. Wichtige Fundstellen hierfür sind das Fürstengrab von Hochdorf aus der Späthallstattzeit sowie die Salzbergwerke von Hallein und Hallstatt. Die dort gefundenen Reste legen Zeugnis ab von einer hochentwickelten Webkunst, der eine äußerst komplizierte Webtechnik zugrunde liegt. Die Stoffreste zeigen, daß die Kelten verschiedenste Formen der Köperbindung beherrschten, die von Spitzkaroköper bis zu Gleichgratköper reichen. Aber auch Stoffe, die in Leinenbindung gewebt waren, trifft man an. Im Hochdorfer Fürstengrab fand man überdies zahlreiche Reste von Bändern – in Brettchentechnik gewebt – die wohl als Zierde der Stoffe dienten. Diese Textilien wiederholen zum Teil die auf den Gefäßen verwendeten Formen. Diese Stoffe blieben aber sicherlich nur der Oberschicht vorbehalten.

Die Gewebe fertigten die Kelten auf stehenden Webstühlen. Die Kettfäden erhielten ihre Spannung durch hängende Gewichte. Durch die solcherart fixierten Fäden konnte der Schußfaden horizontal durchgeführt werden. Mit Hilfe einer Schlaufentechnik teilte man die Kettfäden so, daß der Schußfaden leicht durchzuschieben war. Die Fäden erzeugte man mit Handspindeln, wodurch die Möglichkeit bestand, den Faden verschieden zu drehen. Webgewichte und die für die Handspinnarbeit unerläßlichen Spinnwirtel, welche als stabilisierendes Gewicht an der Spindel hingen, fand man in großer Anzahl in allen Siedlungen.

In den Salzbergwerken Österreichs haben sich auch keltische Lederschuhe sowie tönerne Schuhleisten erhalten, die noch Spuren der Bearbeitung zeigen. Aus diesen Leisten lassen sich die von Darstellungen bekannten Schnabelschuhe der Kelten gut rekonstruieren. Produkte aus Leder, vor allem Schuhe, wurden zum wichtigen Exportartikel ins römische Reich.

Insgesamt verfügten die Kelten über eine Vielzahl ausgefeilter handwerklicher Techniken.

5. Kunst und Gold

»Keltische Kunst« ist inzwischen – nach mehreren Ausstellungen zu diesem Thema – ein stehender Begriff geworden. Das, was man »Kunst der Kelten« nennt, ist auf handwerkliche Fertigkeiten bezogen, aber auch auf ein starkes Formempfinden und Abstraktionsvermögen, das den keltischen Künstlern zu eigen war.

Die Kelten hatten schon während der frühen Hallstatt-zeit Kontakt mit den Hochkulturen des Mittelmeerraumes. Diese Verbindung beeinflußte ihren künstlerischen Ausdruck in hohem Maße.

Vom 7. bis zum 1. Jahrhundert v. Chr. lassen sich verschiedene Stufen keltischer Kunstentwicklung unterscheiden: Im 7. bis 6. Jahrhundert v. Chr. begegnen wir dem Hallstattstil, der zunächst vor allem geometrische Ornamente darstellt. Die Gefäße dieser Zeit beeindrucken durch ihre Formdichte und -schönheit. Dabei gibt es auch eine regionaltypische Ausdrucksweise in der Ausgestaltung der Gefäße. Auf den Gefäßhälsen findet man figürliche Darstellungen, die aus der geometrischen Form des Dreiecks heraus entwickelt sind – und dies, obwohl man durchaus nach dem Augenschein zu bilden verstand. Der keltische Töpfer arbeitete mit flächigen Mustern. Typisch sind auch Ornamente, die mit dem Zirkel gestaltet wurden und halbkreisförmige Wellenlinien bildeten. Insgesamt existierte eine Formensprache, die darauf hindeutet, daß die Künstler hier magische und heilige Zeichen gewissermaßen als Chiffre verwendeten, um die Lebenden und auch die Toten, in deren Gräbern man die Zeugnisse fand, zu schützen. Entsprechende Funde aus dieser Zeit zeigen aber auch, daß man – in geringem Umfang – die Formensprache der griechischen Importkeramik nachahmte.

Im 5. Jahrhundert v. Chr. bildete sich ein neuer Stil heraus: jener Latènestil, der zwischen dem deutschen Mittelgebirge und dem Alpenrand als charakteristisch für keltische Kunst galt. Die Künstler orientierten sich an griechischen, skythischen, aber auch einheimischen Vorlagen und setzten sie zu neuen Formen um. Schon zuvor angewandte Techniken, wie der Gebrauch des Zirkels, halfen dabei, dem geistigen Gehalt der Formen sichtbare Gestalt zu verleihen. Besondere Kunstwerke entstanden aus den Werkstoffen Bronze und Gold. Mit

Recht kann man an Adelsfamilien denken, die sich eine Art Hofkunst leisteten, für deren Herstellung sie kunstfertige Schmiede heranzogen.

Die Frühform der Latènekunst orientierte sich stark am etruskischen Kunstschaffen. Besonders eindrucksvolle Beispiele findet man unter den Maskenfibeln, Goldtorques, verzierten Gürtelschnallen und Schwertscheiden. Aber auch die aus Bronze gefertigten und mit Korallen eingelegten Schnabelkannen, deren Vorbilder aus Etrurien stammten und die in heimischen Werkstätten dann nachgeahmt wurden, müssen genannt werden. Steinskulpturen findet man hingegen eher selten.

Im 4. Jahrhundert v. Chr. dominierte ein Kunstausdruck, der sich vor allem floraler Muster bediente und dem eine ausgeprägte Symmetrie zugrundeliegt. Auch waren Ornamente mit Vexierspielen sehr beliebt. Im 3. Jahrhundert v. Chr. begegnet uns dann eine Art künstlerischer Metamorphose, in der menschliche, tierische, pflanzliche und abstrakte Formen miteinander vermischt werden. Sie wird als »plastischer« oder auch »Schwertstil« bezeichnet. Die Metallverarbeitung erreichte hier ihren künstlerischen Höhepunkt. Ein besonders schönes Beispiel für diese Verbindung sind die Goldhalsringe aus dem Schweizer Dorf Erstfeld, auf denen Tierleiber und Gesichter zu einer Art Ranke zusammenfügt sind. Aus dieser Zeit gibt es auch herausragende Beispiele goldverzierter Helme.

Das Metall Gold hat die Menschheit nahezu seit ihrem Anbeginn fasziniert. Gold ist ein sehr weiches Metall und konnte deshalb vielfach bearbeitet werden. Die schönsten Beispiele hallstatt- und latènezeitlicher Kunst sind Goldgegenstände. Über die Herkunft des Goldes läßt sich nur spekulieren. So kann man wahrscheinlich davon ausgehen, daß eine Handelsroute von Spanien, das schon sehr früh für seine Edelmetallvorkommen berühmt war, ins Gebiet der mitteleuropäischen Kelten führte.

Die Auswahl an Goldgegenständen, die man im keltischen Kulturkreis sowohl aus der Hallstattperiode als
auch aus der Latènezeit fand, ist groß. Sie reicht von
Dolchbeschlägen zu Arm- und Halsringen, von kleinen
tassenartigen Gefäßen bis zu großen Goldkegeln, denen
man kultische Funktionen zuschreibt, ohne ihre Bestim-
mung genau zu kennen. Funde aus der Hallstattzeit
zeigen, daß der Besitz von Goldgegenständen ein Privileg der Oberschicht war. Der Besitz von Gold gewann
durch die Einschränkung auf einen bestimmten Perso-
nenkreis eine Abzeichenfunktion und wurde zum Machtsymbol.

Gold besaß sicher auch eine besondere Funktion in der
keltischen Religion, man denke nur an das mit Blattgold
belegte Kultbäumchen aus Manching. Auch Trinkhorn-
beschläge und Goldbleche zur Zierde der Kleidung und
Schuhe der Oberschicht sind reichlich überliefert. Im
6. Jahrhundert v. Chr. war bei den keltischen Kriegern
die Sitte verbreitet, einen Goldring als Prestigeobjekt am
linken Arm zu tragen. Goldbeschläge befanden sich auch
an den Kult- und Prunkwagen. Ein auffallend schönes
Beispiel der Goldverarbeitung ist der Goldtorquis aus
dem Grab der »Prinzessin von Vix«. Der Halsring wurde
aus 20 verschiedenen Einzelteilen zusammengesetzt und
weist an den Enden filigrane geflügelte Pferde auf.

Die Art und Weise, wie die Ornamente der Latènekunst im Gegensatz zur zeitgenössischen Keramikzier
für Edelmetallschmuck der Oberschicht eingesetzt wurden, läßt darauf schließen, daß die Goldschmiede für
einen sehr begrenzten Kreis von Personen der Oberschicht arbeiteten.

Die künstlerische Umsetzung keltischen Denkens und
Fühlens ist auf Erzeugnissen der Latènezeit allgegen-
wärtig, bei den seltenen Holz- und Steinstatuen genauso
wie bei Keramik und bei Metallarbeiten. Ob der Latènestil allerdings als Ausdruck eines gemeinsamen kelti-

schen Bewußtseins gelten kann, ist mit Hilfe der Archäologie nicht zu beantworten. Man kann lediglich sagen, daß er dort Traditionsketten hat entstehen lassen, wo keltisch sprechende Gruppen lebten und miteinander in Kontakt standen. Allerdings scheinen sich westliche und östliche Kunstlandschaft unabhängig voneinander entwickelt zu haben. Grundsätzlich kann man jedoch davon ausgehen, daß sich in den Formen und Figuren magische Vorstellungen der Kelten ausdrückten.

6. Handel und Geld

Die Grenzen zwischen Handel, Güteraustausch und Kulturbeziehungen muß man sich durchweg als fließend vorstellen.

Gegen Ende des 6. und 5. Jahrhunderts v. Chr. gelangte eine große Menge mediterranen Imports in die Gebiete nördlich der Alpen. Gleichzeitig mit griechischen Vasen traten Vorrats- und Transportbehälter auf, die man in der ganzen Welt des Mittelmeers vor allem für Wein benutzte. Aus Marseille kamen viele Anregungen und ein kultureller und wirtschaftlicher Austausch mit den nördlichen, keltisch besiedelten Gegenden entstand. Die Handelsgüter wurden von Marseille aus über die Rhône nach Norden transportiert. Ebenso wichtig war der Zinnhandel mit den britischen Inseln, der genauso intensiv betrieben wurde wie der Handel über die Alpenpässe mit Oberitalien. Die Hallstattkelten unterhielten auch Handelsbeziehungen nach Norden, wie die zahlreichen Kunstgegenstände aus Bernstein zeigen. Aus dem Fernen Osten kam Seide in ihre Region. Wir können auch davon ausgehen, daß mit Spanien gehandelt wurde, da der goldene Armring aus dem Hochdorfer Grab große Ähnlichkeit mit dem Torquis aus einem spanischen Grab aufweist. Jedoch bedarf dieses Problem noch genauerer siedlungsgeschichtlicher Untersuchungen.

Besonders kostbare Gegenstände wie der Löwenkessel aus Hochdorf oder der Bronzekrater aus dem Grab der »Prinzessin von Vix« sind sicher nicht als normales Handelsgut vertrieben worden. Hierbei könnte es sich um Gast- oder Gesandtschaftsgeschenke handeln. Auch an Heirats- oder Beutegut wäre zu denken. Der ganze Komplex der auf diplomatischem oder kriegerischem Wege ausgetauschten Objekte ist in der Forschung noch nicht bearbeitet.

Die Niederlage der Kelten gegen die Römer im 3. Jahrhundert v. Chr. ließ den Handel vorübergehend ins Stokken geraten; in der keltischen Spätzeit aber führte man wieder wie gewohnt italischen Wein und andere Handelsgüter ein. Aus schriftlichen Quellen weiß man auch, daß schon vor der Eroberung durch Cäsar in Gallien ein lebhafter, von römischen Kaufleuten betriebener Fernhandel existierte.

Im 5. Jahrhundert v. Chr. bewegten sich die beiden bedeutendsten Importströme von Gütern aus dem Mittelmeer über das Tessin in die linksrheinischen Gebiete einerseits und über die Eisack-Etsch-Route in das Gebiet von Hallein und nach Böhmen andererseits. Innerhalb des Gebietes des heutigen Bayern fand wohl ein lebhafter innerkeltischer Güteraustausch entlang der Flußläufe statt.

In Manching gefundene Fibeln nichtkeltischer Herkunft zeigen, daß es auch Güteraustausch mit den Rätern der südlichen Alpentäler und den Germanen zwischen Mittelweser und Elbe gab. Das Vorkommen unterschiedlicher Pferdetrensen italischer oder thrakischer Machart zeigt auf, daß die Kelten ihre Pferde aus unterschiedlichen Gegenden bezogen, sei es durch Kauf, sei es durch Ehren- oder Gastgeschenke. Weitere Handelsgüter waren die Werkstoffe, die man zur Herstellung von Schmuck und Kultgegenständen brauchte wie Gold, Sapropelit, Koralle und Bernstein, aber auch Glas und Salz, das in der Halleiner und Hallstätter Gegend bergmännisch abgebaut wurde.

Die Kelten selbst importierten nicht nur, sie exportierten auch. Vermutlich handelten sie vor allem mit Eisen, textilen Rohstoffen (Flachs und Wolle) und Fertigprodukten sowie mit Leder und Holz.

In der Umgebung des Hochdorfer Fürstengrabes fand man eine Feinwaage, die aus der Zeit um 550 v. Chr. stammt. Sie deutet darauf hin, daß die Handelsware mit griechischen Edelmetallmünzen bezahlt worden ist. Gegen Ende des 3. Jahrhunderts v. Chr. wurden nördlich der Alpen dann erste keltische Münzen geprägt. Die Münzen sind eine weitere wichtige Quelle zur Erforschung von Kultur und Geschichte der Kelten. Bildvor-

Münzprägung mit dem Schlaghammer

Schlaghammer

Rückseitenstempel

Vorderseitenstempel

Schrötling

Unterlageblock

lagen fanden sich bei römischen und griechischen Münzen. Im Laufe des 2. Jahrhunderts v. Chr. entwickelte sich ein komplexes Münzsystem vor allem in den Oppida. In Britannien sind einige Münzen sogar mit dem Namen des Oppidum beschriftet, aus dem sie stammen. Überhaupt scheint die Häufigkeit des Auftauchens einzelner Münztypen an bestimmten Orten auf deren lokale Herstellung zu verweisen.

Nahezu jeder keltische Stamm besaß seine eigenen unverwechselbaren Bildmotive. Gold- und Silbermünzen fanden im Fernhandel Verwendung. Viele Hortfunde enthielten Goldmünzen, wobei der Grund für das Verbergen des Geldes nicht rekonstruiert werden kann. Ein Gefühl der Bedrohung ist genauso denkbar wie ein Opfer an eine Gottheit.

Da man nicht weiß, wie die Kelten selbst ihr Geld nannten, sind in der Forschung heute die Bezeichnungen der griechischen Vorlagemünzen wie Stater, Denar oder Drachme und Benennungen nach dem Münzmotiv üblich wie Büschelquinar oder der Kreuzmünze.

Trotz der beliebten und häufigen Nachahmungen griechischer und römischer Münzen gibt es mindestens ebensoviele eigenständige Bildmotive. Darüber hinaus kann man oft bemerkenswerte Interpretationen und auch Abstraktionen der mediterranen Vorbilder erkennen.

Wie wurden die Münzen hergestellt? Man hat sog. »Tüpfelplatten« gefunden, Tontafeln, in die in regelmäßiger Reihe Vertiefungen mit dem Finger eingedrückt sind. In diese Vertiefungen wurde vermutlich das Rohmaterial eingefüllt und mittels Erhitzen weich gemacht. Das weiche Metallstück, Schrötling genannt, wurde anschließend auf dem Prägestock mit einem Stempel durch Hammerschlag geprägt. Nach der Fundlage und der Aussage der Münzen selbst existierten wohl einige lokale Herren, die befugt waren, Münzen prägen zu lassen. Ebenso gab es wohl einige zentrale Prägestätten, in denen Goldmünzen hergestellt wurden. Diese großen Münzen nannte man nach der Vorstellung des Volksglaubens, daß am Fuß des Regenbogens solche Münzen lägen, und auch wegen ihrer konkaven Form »Regenbogenschüsselchen«.

Die Datierung der Münzen stellt nach wie vor ein Problem dar. Vor einiger Zeit wurde von archäologischer Seite aus der Versuch unternommen, Datierungsvorschläge zu erarbeiten, und etwas mehr als zehn Münztypen konnte ein bestimmter Zeitrahmen zugewiesen werden. Vor allem Ausgrabungen, bei denen die Münzen in Zusammenhang mit der Schichtabfolge beobachtet wurden, gaben entscheidende Hinweise auf eine genauere Datierung.

Das Ende der keltischen Münzprägung fiel vermutlich mit dem Ende der Oppida-Zivilisation zusammen. So stellt es sich jedenfalls zur Zeit nach der Fundlage in Manching dar. Ein wichtiges Ereignis für das Verschwinden der keltischen Münzen bildete mit großer Wahrscheinlichkeit die römische Eroberung der keltischen Gebiete und damit das Vordringen und schließlich die Vorherrschaft der römischen Sesterzen.

7. Die Kelten und das Salz

Die Salzstöcke von Hallstatt und des Dürrnbergs bei Hallein konservierten eine Reihe von Gegenständen des täglichen Gebrauchs und ermöglichen dadurch weiterreichende Aussagen über das Leben der Kelten. Es gibt Berichte aus dem 16. und 17. Jahrhundert, daß vollständig bekleidete Menschen mit ihrer Haar- und Barttracht im Salzstock gefunden und auf dem Friedhof von Hallstatt beerdigt worden waren.

Die Hauptfunde aus dem Gräberfeld von Hallstatt erstrecken sich über das 7. und 6. Jahrhundert v. Chr. Die Funde zeigen eine Epoche wirtschaftlichen Reichtums,

Salzabbau

Die reichsten Salzvorkommen in Europa fand man im Salzkammergut. Bereits die Ortsnamen Hallstatt und Hallein deuten auf Salzvorkommen hin, denn »hall« ist vermutlich das keltische Wort für Salz.

Das Salz wurde bergmännisch abgebaut. Die Kelten trieben lange Stollen in die Erde, die den Salzadern folgten. Mehrere Ausgänge erlaubten die gleichzeitige Arbeit mehrerer Gruppen. Die Salzklumpen, die mit einer L-förmigen Axt aus dem Gestein gehauen wurden, kamen ohne weitere Bearbeitung direkt auf den Markt.

Die Salzförderung brachte der Gegend Wohlstand, wie aus dem Inventar der Gräber abzulesen ist. Nicht umsonst bezeichnete man die lebenswichtige Substanz auch als das »weiße Gold«.

Ein Erdrutsch beendete den Abbau der Hallstätter Minen. Bereits vorher deutete sich allerdings ein Niedergang an, der vermutlich mit dem Aufblühen der Siedlung auf dem Dürrnberg zusammenhing.

wobei interessanterweise Gräber, die auf eine Oberschicht hindeuten, fehlen.

Auf dem Dürrnberg lebten die Kelten zunächst ausschließlich in der Nähe der Minen. Ein Anwachsen der Bevölkerung führte aber zur Besiedelung einer größeren Fläche. Die zahlreichen Gegenstände, die man in den Gräbern fand, legen Zeugnis einer hohen Handwerkskunst ab.

Der Wohlstand der Region zog viele Handwerker von auswärts an. So kann man eine Gruppe von Venezianern nachweisen. Sie hatten eigene Gräber, deren Ausstattung sich von der der einheimischen keltischen Bevölkerung unterschied.

8. Sprache und Schrift

Seit mehr als 200 Jahren beschäftigt sich die vergleichende indoeuropäische Sprachwissenschaft mit der Sprache der Kelten. Dabei wurde die Sprache der historischen Kelten in zwei große Dialektgruppen eingeteilt: das Goidelische, zu dem das Irische, das Gälische Schottlands und die Sprache der Insel Man im Ärmelkanal gehört und das Gallo-Britannische mit Kymrisch, das in Wales gesprochen wurde, Kornisch aus Cornwall und Bretonisch. Beide Gruppen ließen sich bis ins Altertum zurückverfolgen und wurden in ihrem indoeuropäischen Anlaut »q« bzw. der festlandkeltischen Umbildung »p« unterschieden.

Eine vorsichtige Deutung der sprachlichen Befunde geht von einem Kernraum keltischer Sprache im westlichen Mitteleuropa, von Ostfrankreich bis Böhmen, aus. In diesem Gebiet finden sich Orts- und Gewässernamen in einiger Dichte, so daß die Folgerung naheliegt, die keltische Sprache habe sich aus älteren Sprachständen herausgebildet. Zeitliche Angaben sind bei diesem Prozeß nur annähernd zu machen; die neuesten Untersuchungen verschiedener keltischer Dialekte lassen auf eine keltische Gemeinsprache aus der Zeit vor der Latènekultur schließen.

Die Kelten haben nichts Schriftliches hinterlassen. Ihre Kultur war im wesentlichen mündlich geprägt. Aus Notizen der antiken Schriftsteller, Inschriften auf Vasen, Stelen oder Münzen und Funden von beinernen Schreibgriffeln sowie bronzenen Tafelrähmchen in Manching und anderen Oppida muß man jedoch folgern, daß die Kelten – und hier ist vor allem an die Druiden zu denken – durchaus des Schreibens kundig waren, jedoch keine religiösen oder literarischen Werke schriftlich fixieren wollten. Man kann sich unter den Aufzeichnungen eher Listen oder Verträge vorstellen. Anscheinend verwendeten die Kelten etruskische bzw. griechische Schriftzeichen, wie sich aus entsprechenden Funden in Manching schließen läßt. Die schriftliche Form war demnach hauptsächlich für Handelsabwicklungen mit dem Mittelmeerraum nötig. Unter der römischen Herrschaft verbreiteten sich später auch die lateinischen Buchstaben.

Das sog. »Ogham«-Alphabet, eine Anordnung von Strichen und Punkten ober- und unterhalb einer waagerechten Linie, das im 3. und 4. Jahrhundert n. Chr. besonders gebräuchlich war, ist die letzte bekannte Form des Schreibens, die die Kelten benutzten. Dieses Alphabet wurde jedoch ausschließlich auf den britischen Inseln gefunden.

Eine Ausnahme bildet jedoch der keltische Kalender aus Coligny vom Ende des 2. Jahrhunderts v. Chr., der von den astronomischen und wissenschaftlichen Fähigkeiten der intellektuellen Elite der Kelten, den Druiden, Zeugnis gibt.

III. Kult und Mythologie

Die religiösen Vorstellungen der Kelten machen heutzutage den weitaus größten Teil des öffentlichen Interesses aus. Für die Archäologie stellen Religion und Kult allerdings schier unlösbare Probleme dar, da es keine schriftlichen Zeugnisse der Kelten gibt. Wir können uns daher der Religion der Kelten nur mit unseren heutigen Denkmustern und Begriffen nähern. Einen umfassenden Vergleich sakraler Funde und ihrer Fundorte gibt es bislang nicht, und so fehlt uns heute auch eine Art umfassendes Lexikon für das, was die Kelten als heilig erachteten.

1. Die Druiden

Jede Studie über die *Druiden* muß mit einer Entromantisierung beginnen. Seit der Romantik und der ersten Beschäftigung der Wissenschaft mit anderen historischen Epochen als der klassischen Antike stellt man sich den Druiden als Greis mit wallendem Bart vor, der, von überirdischem Licht umstrahlt, mit einer goldenen Sichel Mistelzweige schneidet und auf steinernen Altären, den Megalithgräbern, Menschenopfer bringt.

Es gibt eine ganze Reihe von Zeugnissen, die die Bedeutung der Druiden beschreiben. Die griechischen Geschichtsschreiber setzen sie sogar mit »Philosophen« gleich. Darüber hinaus werden sie als Magier oder Seher, als Gelehrte und Priester bezeichnet.

Die wichtigste Quelle für unsere Kenntnis über die Druiden bilden wiederum die Nachrichten griechischer und römischer Autoren, die allerdings nur über Gallien und Britannien berichten. Eindeutige bildliche Darstellungen oder Gräber von Druiden sind bisher nicht gefunden worden. Weitere unentbehrliche Beiträge zum Verständnis des Druidentums stellen die irischen Hand-

Druiden

»In ganz Gallien gibt es zwei Klassen von Menschen, die Geltung und Ehre genießen (…). Die eine Klasse ist die Klasse der Druiden, die andere Klasse ist die der Equites. Die Druiden versehen den Götterdienst, besorgen die öffentlichen und privaten Opfer und legen die Religionssatzungen aus. Bei ihnen finden sich junge Männer in großer Zahl zur Unterweisung ein, und sie genießen hohe Verehrung, denn sie entscheiden bei fast allen öffentlichen und privaten Streitigkeiten. Sie sprechen das Urteil, wenn ein Verbrechen begangen wurde, ein Mord geschah, Erbschafts- und Grenzstreitigkeiten ausbrechen; sie setzen Belohnungen und Strafen fest. Fügt sich ein einzelner oder ein Volksstamm ihrer Entscheidung nicht, so schließen sie die Betroffenen vom Götterdienst aus. Dies stellt bei den Galliern offenbar die härteste Strafe dar (…). An der Spitze aller Druiden steht derjenige, der bei ihnen das höchste Ansehen genießt (…). Die Druiden ziehen gewöhnlich nicht in den Krieg und zahlen auch keine Abgaben wie die übrigen Gallier. Sie sind vom Waffendienst befreit und haben keine anderen Verpflichtungen.« (Gaius Julius Cäsar, Der Gallische Krieg VI, 13/14).

schriften des Mittelalters dar, die sich zum Teil auf mündliche Berichte aus der Zeit der sehr frühen Christianisierung Irlands zurückverfolgen lassen. Bei ihnen muß allerdings mit einer parteiischen Überlieferung gerechnet werden. Diese Quellen zeichnen das Bild eines Druiden, der sehr vielfältige Aufgaben zu erfüllen hatte. Die Druiden kannten und bewahrten die religiösen und kulturellen Traditionen der Kelten. Wer Druide werden wollte, mußte lange Jahre lernen – Cäsar und Pomponius Mela erwähnen einen Zeitraum von 20 Jahren. Die Schüler der Druiden mußten während dieser Ausbildung Verse in großer Zahl auswendig lernen. Die Strophen waren, wie die irischen Epen zeigen, in einer archaischen Sprache abgefaßt, die nicht jeder verstand. Dies erwähnt auch Diodor, indem er berichtet, die Druiden sprächen in Rätseln und Hyperbeln. Man vermutet daher, daß die Druiden ihre Lehren durch Gesänge in Versform weitergaben. Sie überlieferten ihr Wissen wohl in Form von Erzählungen, in denen Geschichte, Theologie, Philosophie, Mythologie, Recht, Brauchtum und Weissagung, aber auch naturwissenschaftliche und astronomische Kenntnisse miteinander verbunden waren. Die Druiden lehrten wahrscheinlich auch, daß die menschliche Seele unsterblich sei und nach dem Tod in einen anderen Körper übergehe.

Es gab wohl auch regelrechte Druidenschulen. Jeder konnte Druide werden, ganz gleich aus welcher Schicht der Bevölkerung er kam. Voraussetzung war lediglich, daß er die anspruchsvolle und langwierige Ausbildung erfolgreich absolvierte.

Anhand der irischen Quellen läßt sich eine sehr ausgeklügelte Hierarchie innerhalb der *keltischen Priesterschaft*, an deren Spitze die Druiden standen, erkennen.

Innerhalb der keltischen Gesellschaft stellten die Druiden die Berater des Königs. Dieser jedoch durfte manche Ratschläge der Druiden nicht ablehnen, da sie ja die Pläne der Götter offenbarten. Während der König als Entscheidungsträger der Gesellschaft fungierte, war der Druide ihr Bewußtsein. Andererseits mußte der Druide das tun, worum ihn der König bat, es sei denn, es handelte sich um etwas Sittenwidriges. Es zeichnet sich damit das Bild einer Gesellschaft ab, deren politisches Handeln auch immer sakral war. Eine wichtige Rolle im öffentlichen Leben spielten die Druiden in ihrer Funktion als Richter; auf den jährlichen Druidenversammlungen wurden auch politische Entscheidungen gefällt.

Die Druiden galten aber auch als Gesetzgeber bzw. sie interpretierten die komplexen Traditionen, die alle Bereiche keltischen Lebens ordneten. Das Zusammenleben, ob öffentlich oder privat, stand für die Kelten in einem kosmologischen Zusammenhang, den die Druiden als Mittler zur höheren Welt deuteten. Über das Urteil eines Druiden gab es keine Diskussionsmöglichkeit. Fällte er ein ungerechtes Urteil, fiel er selbst der grausamen Bestrafung durch die Götter anheim. So war er bestrebt, Vollkommenheit zu erlangen.

An das Amt des Druiden wurden also höchste Anforderungen gestellt. Weil er sich nicht irren durfte und weil er der Herr der magischen Gesänge war, gebührte ihm auch das Amt des Sehers, der im Buch des Schicksals zu lesen vermochte. Diese Aufgabe galt bei den Kelten als besonders wichtig.

Aus den antiken Quellen geht hervor, daß die Druiden auch als Botschafter ihres Volkes handelten: Sie mußten sich zum feindlichen Volk begeben und dort die rituellen Formeln sprechen, die als Kriegserklärung galten. Innerhalb des Volkes wurden sie vor allem als Friedensstifter bei Streitigkeiten eingesetzt.

Die Druiden hatten noch eine andere, wichtige gesellschaftliche Funktion: sie waren Heilkundige. Vor allem die Mistel, die in weißem Gewand mit einer goldenen Sichel geerntet werden mußte, galt als Allheilmittel, wie Plinius der Ältere erwähnt. Weiter berichtet er, daß auch Salbei und Eisenkraut eine bedeutende Rolle bei der Behandlung spielten. Die irische Überlieferung beschreibt, daß die Druiden auch chirurgische Eingriffe vornahmen.

Bei allen Völkern des Altertums stellten die Opferzeremonien die wichtigste religiöse Ausdrucksform dar. Die Druiden standen den Opferungen vor und vollzogen sie an heiligen Orten. Den genauen Ritus kennt man allerdings nicht.

Es gibt Hinweise darauf, daß auch Frauen Zugang zur Klasse der Druiden hatten. Vermutlich waren sie Seherinnen oder Dichterinnen. In diesem Zusammenhang ist die mythische Gestalt der »dreifachen Brigit« interessant. Sie wurde auf den britischen Inseln verehrt und war die Göttin der Poesie, des Wissens, des Handwerks und der Künste. Ebenso bedeutsam ist die Göttin Morrigane,

---

Keltische Priester (gemäß der irischen Überlieferung)

»Drui« ist der allgemeine Begriff für Angehörige der höheren Priesterklasse. In der Zeit der Christianisierung scheinen bereits die Priester, die ehemals die zweithöchste Stellung einnahmen, die »fili« in Irland oder die »vates« in Gallien, den Druiden den Rang abgelaufen zu haben. Für die »fili« wiederum gibt es zahlreiche Bezeichnungen, die deren verschiedene Funktionen wiedergeben: Da ist zunächst der »sencha«, der im wesentlichen für die Geschichtsschreibung und das Heldenlob zuständig ist. Der »brithem« fungiert als Richter, Gesetzgeber und Botschafter. Der »scelaige« verbreitet die Epen und Mythen. Der »cainte« wird als Meister des magischen Gesangs, der Verwünschungen und Verfluchungen beschrieben. Der »liaig« hat die Aufgaben eines Arztes und Chirurgen und der »cruitire« kann mit seinem magischen Harfenspiel die Menschen zum Weinen und zum Lachen, zum Schlafen, aber auch zum Sterben bringen. Schließlich gibt es noch den »deogbaire«, den Mundschenk, der vermutlich über berauschende Substanzen und halluzinogene Drogen Bescheid wußte.

Taranis, Teutates und Esus

Die Götter Taranis, Teutates und Esus verehrte man hauptsächlich im gallischen Siedlungsraum der Kelten. Dort werden sie durch Skulpturen und Inschriften vielfach bestätigt, jedoch finden sich auch im übrigen Siedlungsraum der Kelten Zeugnisse von ihnen.

Taranis war der oberste der keltischen Götter und Herrscher des Himmels. Seine Symbole sind das Pferd mit menschlichem Kopf, das Feuerrad, der Adler sowie ein stilisiertes Auge. Taranis schleudert den Blitz, um Regen und Fruchtbarkeit des Bodens hervorzurufen. Mit Taranis verband man eine Radzeremonie, von der noch im 4. Jahrhundert n. Chr. berichtet wurde, daß sie in der Gegend von Agen stattfand. Das Symbol des Rades kann als Sonnen- oder Donnerrad verstanden werden, denn das keltische Wort »taran« bedeutet Donner. Angeblich zu Ehren des Taranis verbrannten die Kelten auch Menschen als Opfer in Holzkäfigen bei lebendigem Leibe. Er wurde auch mit dem römischen Jupiter gleichgesetzt.

Teutates war der Gott, der den Stamm in seinen kriegerischen und friedlichen Aktivitäten beschützte. Die römischen Geschichtsschreiber verglichen ihn mit Mars, dem Kriegsgott, oder Merkur, dem Gott der Händler und Reisenden. Als Begleittier hatte er einen Widder, der auch mit stilisierten Widderhörnern in Form eines Doppel-S dargestellt wurde. Ferner findet sich der Eber neben Tentates. Dieser Gott beschützt die Toten auf ihrer Reise ins Jenseits. Ihm sollen Menschenopfer dargebracht worden sein. Die Römer verglichen ihn mit Mars.

Der dritte der keltischen Hauptgötter ist Esus, der

Gott mit dem Mistelzweig, der oft janusköpfig abgebildet wurde. Ihm wurde als Symbol eine bärtige Maske oder ein mit Hirschohren geschmückter Kopf mit Torquis beigegeben. Die Maske konnte auch auf wenige parallel gegliederte Haarsträhnen reduziert sein. Esus wachte über den Reichtum und den Krieg. Ebenso wie Teutates wird auch Esus häufig vom Eber begleitet. Sein Menschenopfer führte man mit Hilfe gewaltsam zu Boden gebogener Bäume durch, die das dazwischen festgebundene Opfer förmlich zerrissen. Alle drei Götter tauchen auch in Mischformen auf und können sich in ihrem Aufgabenbereich überschneiden.

die als Kriegerin und Prophetin auftaucht, aber auch in der Artus-Sage eine wichtige Rolle spielt. In diesen Göttinnen vereinten sich wohl die Eigenschaften, die auch zu den entsprechenden Priesterinnen gehörten.

Die Lehre der Druiden ist nicht schriftlich niedergelegt worden, sondern Bestandteil mündlicher Überlieferungen. Daher kennt man ihre Vorstellungswelt nur in Andeutungen.

2. Der keltische Götterhimmel

Unser Wissen über Götterverehrung und Kult beruht auf Berichten von außen sowie auf Interpretation von Darstellungen. Die keltische Religion bestand vermutlich aus der Verehrung einer Reihe von Lokalgöttern sowie aus Kulten, die an verschiedene soziale Schichten gebunden waren. Die Götter waren wohl in ein flexibles System eingebunden, das sich um einige wenige Hauptgötter rankte, die einer gemeinsamen Mythologie entsprangen. Übereinstimmend berichten die Gewährsleute von der tiefen Religiosität der Kelten.

Cäsar setzt die keltischen Götter mit ihm bekannten römischen Gottheiten wie Merkur, Jupiter und Mars gleich, erwähnt aber auch eine weibliche Gottheit der Künste und des Handwerks als Minerva.

Aus dem 1. Jahrhundert n. Chr. ist der Text des römischen Epikers M. Annaeus Lucanus überliefert, der eine Dreiheit großer keltischer Götter bei ihren keltischen Namen nennt: *Taranis*, *Teutates* und *Esus*.

Neben diesen drei großen Göttern gibt es eine weitere Zahl von Göttern und Göttinnen, die namentlich bekannt sind. Herauszuheben sind hier der Hirschgott Cernunnos sowie der Sehergott Lug mit dem Raben.

Die Verehrung des Cernunnos ist vom Hirschkult abzuleiten. Der Hirsch war für die Kelten das wissende Tier, dem sogar im frühlatènezeitlichen Friedhof von Villeneuve-Renneville ein Grab bereitet wurde. Die Opferung eines Hirsches für einen Verstorbenen galt als Garantie für dessen ewiges Leben, da er dem Toten den Weg ins Paradies sicherte. Immer wieder finden sich Darstellungen, die Hirschjagden und Hirschopferungen zeigen.

Der Rabengott ist eine vorkeltische Gottheit und wird von den römischen Geschichtsschreibern wegen seiner Lyra auch als Apollo apostrophiert. In der irischen Mythologie wird er als »aller Künste kundig« beschrieben. Auf ihn bezieht sich wohl Cäsars Beschreibung des keltischen Merkur, des Gottes von Geld und Handel, aber auch des Erfinders aller Künste. Er gilt als Gott des Weitblicks, der Wahrsagung, der Medizin sowie des Schutzes des einzelnen und der Handwerksgemeinschaft. Er stand sowohl in Gallien im Mittelpunkt eines bedeutenden Kultes als auch in Irland. Sein Name steht mit der Stadt Lyon – lateinisch Lugdunum (= Feste des Lug) – in Verbindung.

Ein weiterer von Cäsar erwähnter Gott ist Apollo. In ihm läßt sich bei genauer Untersuchung der einzelnen

Erscheinungsformen in der keltischen Sphäre der Gott Belenus entdecken, dem die Sonne zugeordnet ist. Er wurde vor allem im Ostalpenraum, Oberitalien und Südgallien verehrt. In Gallien hat dieser Gott in Belisama oder Minerva sogar eine weibliche Entsprechung. Der keltische Apoll erscheint hauptsächlich als Schutzgott der Heilkunde. Er ist als jugendlicher Gott wie auch bei den Römern dargestellt, da Gesundheit und Jugend eng zusammenhängen.

Wir kennen ferner die Götter, die mit Heilquellen und Gewässern zusammenhängen: Sirona und Grannus. Letzterer wurde bei Krankheiten angerufen. Die Kelten waren von der heilenden und heiligen Kraft des Wassers überzeugt und nutzten die Quellen zu medizinischen Zwecken.

In Cäsars Beschreibung der keltischen Götter nimmt der Kriegsgott Mars den dritten Rang ein. Der keltische Mars hatte zahlreiche Beinamen, je nachdem wo und zu welchem Zweck man ihn anrief. Er ist einerseits ein kriegerischer Gott, der sein Volk in Friedenszeiten schützt und im Kampf für den Sieg sorgt, andererseits erscheint er aber auch als mächtige Druidengestalt, dem magische Gesänge und die fesselnde Kraft des Wortes eigen sind, die Irrtümer beseitigt und schwierige Situationen bereinigt.

Jupiter nimmt in Cäsars Beschreibung erst die vierte Stelle ein. Er ist nicht nur Herrscher über Himmel und Leben, sondern auch über die Unterwelt und den Tod. Sein Hauptattribut ist die Keule, die zu töten, aber auch vom Tode aufzuwecken vermag. Mit ihm sind ferner die Harfe wie auch der Kessel der Druiden verbunden. Diese drei Gegenstände weisen ihn als zu allen drei Menschenklassen zugehörig aus: den Kriegern, Magiern und Sängern sowie den Handwerkern und Bauern.

Das weibliche Element scheint eine besondere Stellung im keltischen Götterhimmel eingenommen zu haben. Viele keltische Göttinnen haben mit dem Kreis von Geburt, Fruchtbarkeit und Reichtum zu tun, wobei die Fruchtbarkeitssymbolik in einer bäuerlichen Gesellschaft ein ganz normales Phänomen dargestellt. Auf dem Kultwagen von Strettweg steht eine weibliche Figur im Zentrum, die einen Kessel trägt. Begleitet wird sie von mehreren Menschengruppen, Frauen und Männern, die zwei Hirsche führen. Auch Reiter mit Schild und Waffe sind abgebildet. Auch der Wagenkult ist wohl der weiblichen Sphäre zuzuordnen. Aus der irischen Tradition wissen wir, daß die Königin Ugin Medb von Connaught im Wagen um das Schlachtfeld herumgefahren wurde. Hier sei nochmals auf den Fund im Grab der »Prinzessin von Vix« hingewiesen sowie auf ein weibliches Brandgrab in Dänemark, in dem man einen Wagen fand, der nicht funktionstüchtig war. Ferner haben wir die Abbildung auf dem *Silberkessel von Gundestrup*, wo einer der vier weiblichen Köpfe mit vier Rädern als Attribut abgebildet ist. Diese Tradition setzte sich in römischer Zeit fort, aus der Göttinnen in Wagen überliefert sind.

Cäsar führt in seiner Beschreibung der keltischen Götter auch eine weibliche Gottheit an, der er den Namen der Minerva gibt und von der er sagt, daß sie die Grundelemente des Handwerks und der Künste lehre. Der Minerva gewidmete Inschriften aus römischer Zeit finden wir im gesamten von Kelten bewohnten Gebiet. Sie wird in der Regel bewaffnet als Göttin der Kriegskunst dargestellt; auch ist sie durch eine große Anzahl keltischer Sagen belegt, in denen Kriegerinnen eine wichtige Rolle spielen. Ihr Kult stand aber auch mit warmen Quellen in Zusammenhang, denn sie galt ebenfalls als Göttin der Heilkunst.

Die keltische Minerva zeigt sich wie die meisten keltischen Gottheiten vielschichtig. Sie hat zahlreiche Namen und Gesichter. Sie ist Herrin der Dichtung, Magie und Weissagung, des Handwerks und der Künste

Der Silberkessel von Gundestrup

Der Silberkessel von Gundestrup ist mit seiner reichen Bildsprache ein für die Interpretationsmöglichkeit keltischer religiöser Vorstellungen wichtiger Fund. Er wurde im Jahre 1891 beim norddänischen Ort Gundestrup im Moor entdeckt und bereits damals als wichtige Quelle für die keltische Glaubenswelt erkannt. Vermutlich war er als Weihegabe an die Götter auf dem Boden des späteren Moores abgestellt worden, nachdem man ihn vorsätzlich in seine Einzelteile zerlegt hatte. Davor scheint er längere Zeit in Gebrauch gewesen zu sein, bevor er als Opfergabe diente, wie die einschlägigen Spuren am Gefäß beweisen. Nach vorsichtigen Schätzungen stammt er aus dem 1. Jahrhundert v. Chr. Die Herkunft des Kessels ist allerdings ungeklärt.

Der Kessel ist auf der Außen- und Innenseite ringsum mit Darstellungen versehen. Die meisten Sequenzen bestehen aus männlichen bzw. weiblichen Köpfen, die mit verschiedenen Attributen geschmückt worden sind. Aber es ist auch eine Szene dargestellt, die sowohl als Menschenopfer wie auch als eine Art Taufe und Läuterung interpretiert werden kann. Auf dem Silberkessel entfaltet sich eine reiche Bilderwelt, deren Bedeutung kaum erahnt werden kann, da zum Teil Darstellungsformen auftauchen, die sonst nirgendwo eine Entsprechung finden.

sowie Kriegerin, Mutter der Götter und Verführerin. Vermutlich kann man hinter ihr eine der großen *Muttergottheiten* aus vorkeltischer Zeit erkennen, die bei den Kelten in etwas veränderter Form weiterverehrt wurden. Inschriftlich bezeugt ist sie auch als Belisama oder Sulis.

Muttergottheiten

Die Verehrung von Muttergottheiten, die auch Matres, Matrae oder Matrones genannt werden, ist allen keltischen Völkern gemeinsam. Die überlieferten Darstellungen stammen allerdings in der Mehrzahl aus dem 2. bis 4. Jahrhundert v. Chr., also aus römischer Zeit.

Die Muttergottheiten werden oft als Dreiergruppe dargestellt. Sie tragen beschreibende Namen, die eine genaue Zuordnung erlauben. Meistens handelt es sich um örtliche Zuschreibungen, die erkennen lassen, daß die Göttinnen nur für ein relativ begrenztes Gebiet zuständig waren.

Die keltische Mutter ist ein sehr komplexes Wesen, das mit Leben, Fruchtbarkeit und Überfluß verbunden ist. Sie trägt reiche Gewänder und zeigt sich sowohl als verheiratete Frau mit Haube wie auch als unverheiratete mit aufgelösten Haaren. Oft hält sie Ähren, Blumen oder Früchte in der Hand. Die Göttinnen werden aber auch in ihrer Rolle als Mütter dargestellt, indem sie mit Symbolen der Nahrung sowie mit Säuglingen in Verbindung gebracht werden. Spinnutensilien kommen ebenfalls vor, als ob mit ihnen das Spinnen des Lebensfadens der Menschen symbolisiert werden sollte.

Aber auch einzelne Muttergottheiten sind zu finden. Ihnen ist oft ein Hund beigegeben, der sowohl Heilung und Gesundheit als auch Begleitung in den Tod symbolisieren kann.

Die Muttergottheiten gehörten in den häuslichen, privaten Bereich des keltischen Lebens und wurden von Familien, aber auch von größeren Personenverbänden wie ganzen Ortschaften verehrt. Einzelheiten über ihren Kult sind nicht bekannt.

In der Überlieferung der britischen Inseln trägt vor allem die bereits erwähnte Brigit Züge der Minerva.

Unter den weiblichen Gottheiten muß man zunächst die Pferdegöttin Epona nennen. Ihr Kult war hauptsächlich in der Provence, dem Rheinland und in Irland verbreitet, wie man anhand der Anzahl der Altäre feststellen konnte, aber auch in Südwestdeutschland huldigten die Kelten dieser Göttin. Epona wird entweder als Stute oder als weibliche Figur, auf einem Pferd reitend, dargestellt. Sie war die Beschützerin der Pferde, aber auch allgemein der Haustiere und hier vor allem der Muttertiere. Darüber hinaus galt sie allgemein als eine Göttin der Fruchtbarkeit und geleitete auch die Toten in die andere Welt. Epona steht für das weibliche Element, das mit der Aufzucht von Tieren und der Kultivierung von Pflanzen zur Nahrung zu tun hatte. Auch dies gehört als wesentliches Merkmal zu einer bäuerlichen Gesellschaft, in der die Männer das kriegerische Element verkörpern.

Weiterhin wichtig ist Rosmerta, eine Göttin die gewöhnlich zusammen mit dem keltischen Merkur verehrt wurde. Ihr Kult war vor allem in Nordostgallien verbreitet. In der bildlichen Darstellung trägt sie ein Füllhorn als Symbol für Fruchtbarkeit und Überfluß.

Für die Kelten hatte die Zahl drei eine besondere Bedeutung. Viele bildliche Darstellungen von Gottheiten zeigen Dreiergruppen, deren einzelne Komponenten verschiedene Aspekte einer Gesamtgottheit ausdrückten.

Von den Kelten wird erzählt, daß sie Menschenopfer gebracht hätten. Vor allem der Bericht des Lucanus betont dieses grausame Ritual, aber auch Cäsar und Diodor erwähnen es. Das Problem der Menschenopfer ist jedoch noch nicht ausreichend geklärt, denn Lucanus hatte einen politischen Grund, die grausamen Riten der keltischen Druiden zu betonen und damit dem Widerwillen der römischen Senatoren Ausdruck zu verleihen, die in den Druiden Förderer einer gegen die Römer gerichteten

Bewegung sahen. Verschiedene Fundsituationen im Oppidum von Manching lassen aber die Vorstellung von Menschenopfern durchaus zu. Man fand zudem zahlreiche menschliche Einzelknochen, Knochen- und Schädelteile, deren Bedeutung noch unklar ist. Die Gelenke wurden abgetrennt und etlichen Knochen Schnittspuren beigebracht. Man kann dabei auch an rituelle Opfermahlzeiten denken.

Ein weiterer wichtiger Hinweis findet sich auf dem Silberkessel von Gundestrup. Hier ist eine Szene dargestellt, die eine Opferung sein kann: Eine Priesterfigur ist gerade im Begriff, einen Menschen kopfüber in einen Kessel zu stecken. Zeugen der Handlung sind bewaffnete Krieger, die einen Kultbaum tragen, Männer mit Musikinstrumenten sowie Reiterkrieger. Neben dem Priester befindet sich ein Hund, über den Blasinstrumenten schlängelt sich eine Schlange nach rechts aus der Szene. Beide Tiere werden mit dem Tod in Zusammenhang gebracht.

Die Reiterkrieger tragen alle Abzeichen der Götter Taranis, Teutates und Cernunnos. Es gibt aber auch Interpretationen dieser Szene, die sie eher als Ausdruck spiritueller Wandlung, als eine Art Taufe sehen wollen. Ferner kann diese Szene an den Kessel der Wiederauferstehung erinnern, wie er in der walisischen Heldenüberlieferung erscheint. Hier werden tödlich verwundete Krieger in einen Kessel gesteckt, um am nächsten Tag wieder gesund und kampfkräftig daraus entsteigen zu können. In der Sage haben sie allerdings ihre Sprache eingebüßt.

Das wohl eindrucksvollste archäologische Zeugnis für keltische Opferbräuche ist die Moorleiche von Lindow Moss. Hier wurde ein junger Mann, Angehöriger der Oberschicht, gleichzeitig durch Erschlagen, Erdrosseln und Durchschneiden der Kehle zu Tode gebracht. Vermutlich geht der »dreifache Tod« auf die besondere Be-

deutung der Zahl »Drei« bei den Kelten zurück. Mistel-
pollen im Magen des Opfers können darauf hindeuten,
daß das Ritual von Druiden vollzogen wurde.

Nach antiken Zeugnissen und archäologischem Befund betrieben die Kelten auch eine Art Schädelkult,
indem sie die den Feinden abgehauenen Köpfe als Trophäen mit sich führten oder an ihren Häusern zur Schau
stellten. Hierbei sei an das Steintor aus Roquepertuse in
Südfrankreich erinnert, das Nischen für Totenschädel
aufweist. Ebenso waren Schädelmasken geläufig, wie
die Funde in Manching belegen. Bei welchen Gelegen-
heiten sie getragen wurden, läßt sich allerdings nicht entscheiden.

3. Kultplätze und Rituale

Die Kelten lebten in der Überzeugung, daß man den Gott
nicht an einer bestimmten Stelle festhalten könne, sondern daß es an bestimmten Plätzen zum Austausch zwischen der menschlichen und der göttlichen Sphäre
komme.

Das Heiligtum bildete im Moment der Zeremonie den
Mittelpunkt der Welt und konnte überall, aber auch nir-
gends sein. Die heiligen Handlungen fanden in der frei-
en Natur statt, denn hier wurde deutlich, daß der Mensch
Teil eines Ganzen ist, das er in Gestalt der Gottheit hier
antreffen konnte. Erst unter römischem Einfluß begannen auch die Kelten, Tempel zu errichten.

Schon in der keltischen Frühzeit, während des 6. bis
4. Jahrhunderts v. Chr. dienten Schacht- und Spalthöhlen
den Kelten als heilige Orte. In Oberfranken fanden sich
in solchen Höhlen zahlreiche Knochen, die Schnitt- und
Brandspuren aufwiesen. Dazwischen verstreut lagen
Amulette aus menschlichen Schädelknochen geschnitzt,
durchbohrte Tierzähne und gelbblaue, große Perlen mit
Augenverzierung.

Viereckschanzen

Schon im 19. Jahrhundert rückten die im Gelände gut erkennbaren quadratischen oder rechteckigen, mit einem aufgeschütteten Erdwall versehenen Plätze in den Mittelpunkt des Interesses. Ausgrabungen beweisen, daß es sich um spätkeltische Bauwerke handelte, denen man zunächst eine militärische Funktion zuordnete. Daher die Bezeichnung »Viereckschanze«. Erst zu Beginn der dreißiger Jahre unseres Jahrhunderts tauchte die Überlegung auf, daß es sich um Heiligtümer handeln könnte. Neuerdings wird in der Forschung auch die Bezeichnung »nemeton« (Plural: nemeta) für diese keltischen Heiligtümer verwendet.

Die über ganz Mitteleuropa verstreuten Anlagen weisen etliche Gemeinsamkeiten auf: Sie sind in der Regel viereckig und haben je ein Tor nach Westen, Süden und Osten, aber nie nach Norden. Oft befinden sich Gebäude innerhalb des Gevierts, die als Vorläufer gallorömischer Umgangstempel bezeichnet werden. Innerhalb der Viereckschanzen fand man häufig größere Brandstellen, die auf eine kultische Bedeutung der Orte hinweisen.

Deutlich jünger, zumeist aus dem 2. bis 1. Jahrhundert v. Chr., sind die in Süddeutschland und dem linksrheinischen Gallien verbreiteten sog. *Viereckschanzen*.

Als immer wieder zitiertes Beispiel gilt die gründlich untersuchte Viereckschanze von Holzhausen bei München. Sie weist einen Palisadenzaun auf, der in mehreren Bauphasen regelrecht zu einer Befestigung wurde. In einer Ecke des Geländes wurde ein Gebäude gefunden, das als Tempel angesehen wird. Außerdem entdeckte man drei Schächte, dessen tiefster bis 35 Meter in die

Erde hinab reicht. Diese als »Kultschächte« bezeichneten Grabungen werden wegen der Fundlage für einen Ablageplatz für Brand- und Opferreste gehalten.

Andererseits kann es auch möglich sein, daß die umgrenzten Räume zum Teil weltlichen Zwecken dienten, denn ihre Ausstattung ist, vergleicht man einen größeren geographischen Kreis, doch sehr unterschiedlich. Für diese Annahme spricht, daß man innerhalb der Viereckschanzen neben sakralen Zwecken zuzuschreibenden Funden auch solche mit eher weltlicher Bedeutung gemacht hat. Nur in manchen Viereckschanzen, besonders in Frankreich, ist eine über einen längeren Zeitraum nachweisbare Benutzung festzustellen.

Folgt man den antiken Quellen, ist auch eine Bedeutung als speziell umhegter Raum vorstellbar, in dem die Gefolgsleute als Lohn für ihre Dienste mit Speis' und Trank freigehalten wurden. In den Schächten gefundener Stallmist und Tierkot sowie hohe Phosphatwerte, die auf eine natürliche Bodenbildung durch menschliche und tierische Ausscheidungen hinweisen, sprechen für diese These. Insgesamt ist die Bedeutung der Viereckschanzen jedoch nicht geklärt. Es müssen noch viele Einzelfragen gelöst werden.

Es gibt zahlreiche Hinweise auf Baumkulte bei den Kelten. Plinius der Ältere beschreibt, daß die Druiden vor allem Misteln, die auf Eichenbäumen gewachsen seien, für ihre Zeremonien verwendet hätten. Der Eiche kam überhaupt besondere Bedeutung zu. In den Schächten der Viereckschanzen fanden sich Standspuren und Stammreste von »Kultbäumen«. Die erwähnte Opferszene auf dem Silberkessel von Gundestrup zeigt ferner, daß die Krieger einen kunstvoll geschmückten Kultbaum zu dem Priester tragen, der das Opfer vornimmt. Auch in Manching fand sich ein Kultbäumchen, das einen Kern aus Laubholz aufweist, ringsum aber mit Goldblech überzogen ist. Blätter, Blüten und Früchte sind kunstvoll daran angebracht und ähneln der Darstellung auf dem Silberkessel.

In den Alpen sind vor allem Brandopferplätze verbreitet. Die Schilderung des Ende des letzten Jahrhunderts abgetragenen »Knochenhügels« im Langackertal bei Bad Reichenhall gibt einen guten Eindruck, wie diese Brandopferplätze ausgesehen haben können. Hier fand man eine bis zu vier Meter hohe Erhebung, die nur aus zersplitterten weißgebrannten Tierknochen bestand. Die Brandopferplätze kommen in der Regel in exponierter Lage vor. Vermutlich glaubte man, von dort aus die Götter schneller und direkter erreichen zu können. Gebäude konnte man bei diesen Plätzen kaum nachweisen, jedoch tauchen Steinkreise auf. Die Fundstelle von Gauting bei München beweist, daß die Brandopferplätze bis in die römische Zeit weitergeführt worden sind, denn hier befanden sich auch Teile einer römischen Militärstandarte unter den üblichenTierknochen und Keramikteilen.

Aber auch Quellen und heilige Haine gehören in die Reihe der keltischen Kultstätten, wie wir auch durch die antiken Autoren erfahren. Fast zu allen Zeiten versenkte man Opfergaben in Flüsse und Seen, in Sümpfe und Moore sowie in Quellen. Möglicherweise galt das Wasser als Pforte zur Unterwelt, dessen glückliche Überquerung mit einem Opfer zu danken war. Vielleicht wurde damit aber auch dem lebensnotwendigen Element allgemein Aufmerksamkeit gezollt. Da es sich bei den Fundstücken aus dem Wasser in der Regel um qualitätvolle Einzelstücke handelt, kann man davon ausgehen, daß sie mit Überlegung dem jeweiligen Ort anvertraut wurden, auch wenn es uns heute oft schwerfällt, die Motivation der Opfernden nachzuvollziehen. Die Fundstelle La Tène am Neuenburger See ist ein gutes Beispiel für gehäufte Wasseropfer. Man fand dort mindestens 166 Schwerter und 269 Lanzenspitzen, was daran denken läßt, daß es sich um geopfertes Beutegut nach einer gewonnenen Schlacht gehandelt haben könnte. Aber auch ein möglicher Votivcharakter darf bei dieser Art Opfer nicht außer acht gelassen werden. Es fällt immer wieder auf, daß die geopferten Gegenstände absichtlich unbrauchbar gemacht wurden. So ließ man Schwerter z. B. S-förmig verbiegen.

Von Plinius dem Älteren erfahren wir auch, wie bestimmte Rituale der Kelten ausgesehen haben könnten. Er berichtet von der Mistelernte, die nur von weiß gewandeten Druiden am sechsten Tag des Mondzyklus durchgeführt werden durfte, und zwar mit einer goldenen Sichel. Hierbei tritt eine Sonnen- und Mondsymbolik klar zutage: Gold ist das Metall der Sonne, die Form der Sichel symbolisiert den Mond. Danach wurden junge weiße Stiere geopfert, ein Ritual, das eigentlich zur Inthronisation von Königen gehörte. Diese Nachricht läßt vermuten, daß Mistelernte und Stieropfer in einen größeren Kultzusammenhang gehörten, der aber nicht bekannt ist. Auch das Pflücken von Bärlapp und Samolus, einer Sumpfpflanze, war nur unter bestimmten rituellen Bedingungen möglich.

Aus der irischen Heldensage ist überliefert, daß auch dem Apfel eine besondere Bedeutung zukam; er wurde als die Frucht betrachtet, die Unsterblichkeit, Wissen und Weisheit vermittelt. Viele weitere Hinweise auf Pflanzenrituale und die Bedeutung der Pflanzen finden sich in der keltischen Sagenwelt.

IV. Die Kelten in der Esoterik

Das geheimnisumwitterte Volk der Kelten ist heute ein Thema esoterischer Forschungen. Ihm wird eine bis auf die heutige Zeit wirkende Kraft zugeschrieben, die in bestehenden alten Bräuchen zum Ausdruck käme. Magische Plätze bei Megalithgräbern, die im Volksmund »Hünengräber« heißen und allerdings mit den Kelten nichts zu tun hatten, und Stellen unter alten Eichenbäumen werden wieder aufgesucht. Es besteht ein vielfältiges Interesse, das Wissen der Kelten um die Vorgänge und die Zusammenhänge in der Natur zu rekonstruieren. Zahlreiche Publikationen sind zu diesem Thema erschienen und erfreuen sich regen Interesses. Dabei steht das Streben des modernen Menschen nach ganzheitlicher Weltanschauung und Lebensweise angesichts eines komplizierten und von Glaubensinhalten entleerten Alltags im Vordergrund.

Um sich dem zu nähern, was als spezifisch keltische Weltanschauung angesehen wird, greifen die »modernen Kelten« vor allem auf die mittelalterlichen Sagenkreise aus Wales und der Bretagne zurück.

Auch die Viereckschanzen üben eine magische Anziehungskraft auf diejenigen Menschen aus, die sich vom Übersinnlichen leiten lassen. Immer öfter kann man Wünschelrutengänger beobachten, die in den keltischen Heiligtümern dem besonderen Kraftfeld des Ortes nachspüren.

Es gibt inzwischen auch wieder viele Menschen, die sich selbst als *Druiden* bezeichnen oder den teilweise bereits vor 200 Jahren gegründeten »neuen« druidischen Orden und Bruderschaften angehören. Am bekanntesten ist vielleicht diejenige Gruppe, die sich bis vor wenigen Jahren alljährlich zur Sonnenwende am Monument von Stonehenge in England traf, um dort geheimnisvolle

»Neue« Druiden

1717 gründete der irische Katholik John Toland (1669–1722) einen druidischen Orden. Er entstand ursprünglich als Ausdruck des irischen Protests gegen die englische Herrschaft auf der Insel. Dieser Orden existiert immer noch, ist inzwischen anglikanisch gemäßigt und besitzt den Charakter einer Geheimgesellschaft.

1781 entstand der »Ancient Order of Druids«, der Alte Druidenorden, der eindeutig freimaurerisch geprägt war. Sozialfürsorge und gegenseitige Hilfe standen im Vordergrund der Ordensaktivitäten.

Am Tag der Sommersonnenwende 1792, rief der walisische Maurer Jolo Morganwg (richtig: Edward Williams) die erste Versammlung (»Gorsedd«) von Druiden und Barden ins Leben. Er war leidenschaftlich an der Kultur der Kelten interessiert, kannte die walisische Literatur des Mittelalters genau und publizierte sogar einige Texte. Dabei nahm er es mit der Überlieferung nicht so genau, denn in keinem der anerkannten Zeugnisse über die Kelten findet man diese Art der Feier. Aber das Neo-Druidentum war geboren.

Das Gorsedd entwickelte sich zu einer Art offizieller Druidengesellschaft, in deren Tradition auch die heutige »Fraternité des Druides, Bardes et Ovates de Bretagne«, Bruderschaft der Druiden, Barden und Ovaten, steht. Anfänglich war diese Gruppe nationalistisch ausgerichtet, widmet sich heute aber vor allem der Literatur und Kultur der jeweiligen Region. Sie versteht ihr Druidentum als Hingabe an die ständige Erforschung keltischen Wissens.

Darüber hinaus gibt es noch unzählige »keltische« Gruppierungen. Besonders zu erwähnen ist hier die

»Eglise Celtique Restaurée«, die Keltisch Reformierte Kirche, die vor allem versucht, an die Tradition der ersten irischen und bretonischen Gemeinden anzuschließen und altes Druidentum mit neuer Religion zu verknüpfen.

Das druidische Ritual, das in diesen Gruppen abgehalten wird, ist heute nur rein spekulativer Natur. Es fließen vielfältige Glaubensvorstellungen aus den unterschiedlichsten Richtungen mit ein.

Jüngste Gründung einer »keltischen« Glaubensgemeinschaft ist die in Frankreich wirkende »Eglise Druidique des Gaules«, die Druidische Kirche der Gallier.

Zeremonien abzuhalten. Das Monument hat jedoch nichts mit den Kelten zu tun. Es ist wesentlich älter und stammt aus dem 3. bzw. 2. Jahrtausend.

Da die Druiden ihr Wissen nicht schriftlich niederlegten, sondern nur mündlich weitergaben, ist es für die heutigen durchaus konkurrierenden Gruppen ein leichtes, ihre direkte Abstammung von druidischer Tradition der vorchristlichen Zeit zu behaupten.

Auch die Anthroposophie hat keltisches Wissen verarbeitet und versucht die magischen Darstellungen, die die Kelten hinterlassen haben, ihren Vorstellungen gemäß in einen großen Sinnzusammenhang zu bringen.

So bietet eine Kultur, die über ihren Glauben und ihre Vorstellungen nichts Schriftliches hinterlassen hat, für viele Menschen die Möglichkeit, ihr eigenes Keltentum zu entdecken.

V. Asterix – ein wehrhafter Kelte

Das breite Interesse für die Kelten heutzutage erklärt sich vermutlich daraus, daß es sich bei den Kelten um das erste sozusagen »europäische« Volk handelt, das in der Vorgeschichte Europas die Struktur einer Gesellschaft aufweist, auch wenn noch viele Fragen offen und

Keltische Gesichter

viele keltische Plätze nicht oder nicht genügend erforscht sind. Auch bieten die gefundenen Gegenstände der keltischen Kultur eine Qualität, wie sie bei anderen zeitgleich erscheinenden Völkern, z. B. den Skythen oder den Iberern nicht anzutreffen ist. Das Beeindruckendste an der keltischen Kultur ist jedoch ihre Kontinuität und ihre Modernität, betrachtet man die Abstraktionsleistung der Künstler.

Beschäftigt man sich mit dem, was in der einschlägigen Forschung über die Kelten bekannt ist, so drängt sich immer wieder das Bild von dem kleinen wehrhaften Dorf an der Küste der Bretagne, die damals Aremorica hieß, auf, das Cäsar so vergnüglich Widerstand leistete. Alle Typen keltischen Lebens tauchen dort auf: Wir finden Asterix, den Punker mit Knebelbart, Miraculix, den Druiden, der mit einer goldenen Sichel Misteln schneidet und seine Weisheit nur »von Druidenmund zu Druidenohr« weitergibt. Wir begegnen Majestix, dem Chef des Dorfes, der lediglich befürchtet, der Himmel könne ihm auf den Kopf fallen und schließlich Troubadix, den Barden, dessen Rolle ins lächerliche Gegenteil verkehrt wird. In der ständigen Bereitschaft, sich gegen die Übermacht der Römer zu verteidigen und der – im Comic durch den Zaubertrank noch unterstützten – Furchtlosigkeit im Kampf lassen sich die Kampfschilderungen der antiken Geschichtsschreiber wiederfinden. Allein Obelix, der Hinkelsteinlieferant, fällt sozusagen aus dem Rahmen, denn bisher ist es nicht geglückt herauszufinden, wozu Hinkelsteine in derartiger Menge gut sind. Aber die keltische Kultur läßt eben manche Frage offen.

VI. Anhang

Zeittafel

753 v. Chr.	Gründung Roms.
7. Jh. v. Chr.	Frühe Hallstattkultur.
um 600 v. Chr.	Aufstieg der keltischen Adelsfamilien, die sich befestigte Siedlungen erbauen (Heuneburg: Lehmziegelmauer nach griechischem Vorbild); Gründung von Massalia (Marseille).
um 500 v. Chr.	Intensiver Kontakt der Kelten mit den Etruskern und Griechen; Aufschwung der Eisenherstellung.
um 400 v. Chr.	Erste Anzeichen von Keltenwanderungen nach Italien.
396–386 v. Chr.	Einfall von Kelten nach Italien; Rom und andere Städte werden zerstört.
390/370 v. Chr.	Zerstörung und Aufgabe der alten keltischen »Fürstensitze«.
387–86 v. Chr.	Kelten in Rom; Schlacht an der Allia.
um 350 v. Chr.	Vordringen der Kelten in die ungarische Tiefebene.
335 v. Chr.	Keltische Delegation bei Alexander dem Großen.
295 v. Chr.	Sieg der Römer über die Kelten, Etrusker und über die einheimischen Bergvölker.
285–282 v. Chr.	Keltenkrieg der Römer; Schlacht bei Sentinum, »ager gallicus«; Besetzung der Adriaküste um Rimini durch die Römer.
282 v. Chr.	Rückzug der keltischen Stämme aus Oberitalien auf den Balkan.
279 v. Chr.	Keltische Gruppen vor Delphi.
278/77 v. Chr.	Vordringen der Galater bis Kleinasien.
etwa ab 250 v. Chr.	Besiedlung der Ostalpen durch die Kelten; Herausbildung des Königreichs Noricum, einer lockeren Stammesgemeinschaft zwischen Inn, Donau und oberer Save.

im 3. Jh. v. Chr.	Änfange der keltischen Münzprägung nach makedonischen Vorbildern.
225–222 v. Chr.	Keltische Stämme der Poebene von Rom unterworfen.
ab 225 v. Chr.	Ende der keltischen Expansion.
218 v. Chr.	Keltische Stämme verbünden sich mit Hannibal gegen Rom.
200–190 v. Chr.	Erfolgloser Keltenaufstand in Oberitalien.
189 v. Chr.	Die Galater werden von Rom besiegt.
2. Jh. v. Chr.	Anlage der keltischen Oppida.
179 v. Chr.	Letzter Kelteneinfall nach Italien.
141 v. Chr.	Erfolgloser Feldzug der Römer gegen den keltischen Stamm der Skordisker an Donau und Save.
133 v. Chr.	Rom erobert die Numantia; Ende des keltischen Widerstandes in Spanien.
125–121 v. Chr.	Die keltischen Stämme der Arverner und Allobroger kämpfen gegen die Römer.
121–118 v. Chr.	Errichtung der römischen Provinz Gallia Narbonensis in Südfrankreich.
113–101 v. Chr.	Kimbern und Teutonen (Germanen und Keltenscharen) durchziehen Süddeutschland, Ostfrankreich und den Alpenraum.
89 v. Chr.	Kelten in Oberitalien erhalten »latinisches« Bürgerrecht, um einem Angriff auf Rom vorzubeugen.
um 65 v. Chr.	Unter germanischem Druck geraten keltische Stämme wieder in Bewegung; die meisten Oppida rechts des Rheins und außerhalb von Noricum werden zerstört.
58–50 v. Chr.	Gaius Julius Cäsar unterwirft Gallien.
52 v. Chr.	Aufstand des wehrhaften Keltenfürsten Vercingetorix.
49–44 v. Chr.	Bürgerkrieg in Rom; Ermordung Cäsars.
30 v. Chr.	Octavianus (Ehrentitel »Augustus«) wird Alleinherrscher; Beginn der »Kaiserzeit« des römischen Reichs.
16-12 v. Chr.	Neuordnung Galliens. Aufteilung in drei Provinzen.
15 v. Chr.	Rom unterwirft die keltischen Stämme der Räter und Vindeliker (Alpenfeldzug).
um 40 n. Chr.	Römische Besetzung des Donausüdufers.

Weiterführende Literatur

Bittel, Kurt; Kimmig, Wolfgang; Schieck, Siegwald (Hrsg.): Die Kelten in Baden-Württemberg. Stuttgart 1981.

Dannheimer, Herbert; Gebhard, Rupert (Hrsg.): Das keltische Jahrtausend. Katalog der Prähistorischen Staatssammlung München. Mainz 1993.

De Vries, Jan: Keltische Religion. Stuttgart 1961.

Duval, Paul-Marie: Die Kelten. München 1978.

Eluère, Christiane: Das Gold der Kelten. München 1987.

Hern, Gerhard: Die Kelten. Das Volk, das aus dem Dunkel kam. Düsseldorf 1975.

Keltenmuseum Hallein (Hrsg.): Die Kelten in Mitteleuropa. Kultur, Kunst, Wirtschaft. Katalog der Salzburger Landesausstellung im Keltenmuseum Hallein. Salzburg 1980.

Landesdenkmalamt Baden-Württemberg (Hrsg.): Der Keltenfürst von Hochdorf. Methoden und Ergebnisse der Landesarchäologie. Katalog der Ausstellung des Landesdenkmalamtes Baden-Württemberg in Stuttgart. Stuttgart 1985.

Lengyel, Lancelot: Das geheime Wissen der Kelten enträtselt aus druidisch-keltischer Mythik und Symbolik. Freiburg 1976.

Lorenz, Herbert: Rundgang durch eine keltische »Stadt«. Pfaffenhofen 1986.

Markale, Jean: Die Druiden. Gesellschaft und Götter der Kelten. München 1985.

ders: Die keltische Frau. Mythos, Geschichte, soziale Stellung. München 1984.

Maier, Bernhard: Lexikon der keltischen Religion und Kultur. Stuttgart 1994.

Noelle, Hermann: Die Kelten. Wiesbaden 1974.

Schieder, Theodor (Hrsg.): Handbuch der europäischen Geschichte. Bd.1. Stuttgart 1992.

Schlinke, Dieter: Die Kelten in Österreich. Wien 1987.

Sills-Fuchs, Martha: Wiederkehr der Kelten. München 1983.

Spindler, Konrad: Die frühen Kelten. Stuttgart 1983.

Stichwortregister

Verzeichnis der Grafiken

HEYNE BÜCHER

Stichwort

»Die Taschenbuch-Reihe gibt knappe, übersichtliche und aktuelle Auskünfte zu den jeweiligen Themen.«

Westfälische Rundschau

Eine Auswahl:

H e y n e - T a s c h e n b ü c h e r